DEUG
mode d'emploi

Gilles Ferréol

DEUG mode d'emploi

Méthodes de travail en Lettres & Sciences humaines

ARMAND COLIN

ISBN : 2-200-01466-X

MASSON & Armand Colin Éditeurs - 5, rue Laromiguière - 75241 Paris Cedex 05

Avant-propos

Vous venez d'obtenir le baccalauréat et vous avez décidé d'entreprendre des études universitaires. Vos motivations peuvent être très diverses : vous souhaitez acquérir des compétences et des savoir-faire ; les débouchés offerts vous semblent intéressants ; la discipline pour laquelle vous avez opté vous plaît car, d'après les informations que vous avez pu recueillir, elle correspond à vos attentes et à vos possibilités...

Dès lors que vous avez fait le « bon choix », comment réussir votre cursus ? L'assiduité aux cours, un travail régulier tant à la maison qu'à la bibliothèque sont évidemment requis, de même que de nombreuses lectures et une préparation adéquate aux examens. Vous devez ainsi apprendre un vocabulaire spécialisé, maîtriser des techniques d'enquête, connaître paradigmes, grands auteurs et courants de pensée. Il vous faut également disposer de points de repère d'ordre factuel (portant par exemple sur l'évolution de la société française depuis les années cinquante) et bibliographique (concernant les principaux domaines de recherche).

Afin de mener à bien un tel programme, une règle d'or : soyez méthodique et organisé, qu'il s'agisse de la gestion de votre calendrier, de la prise de notes, de la constitution de fichiers ou de la rédaction de comptes rendus. En vous fixant des objectifs raisonnables, à votre portée, vous ne vous disperserez pas. D'où un gain de temps et une utilisation plus judicieuse des atouts qui sont les vôtres.

Si vous procédez de la sorte, les résultats devraient suivre, que vous soyez confronté à un résumé, un commentaire, une dissertation ou un QCM. Consultez les annales : vous constaterez que les épreuves n'ont rien d'insurmontable, du moins pour ceux qui se sont efforcés de privilégier rigueur et efficacité.

Pour vous aider dans votre tâche, nous vous proposons non pas un catalogue de « recettes » qu'il conviendrait d'appliquer telles quelles sans aucune réflexion préalable, mais des conseils et une méthodologie spécifique prenant appui sur une longue expérience d'enseignement.

Vous avez à présent toutes les cartes en mains : à vous de jouer et bonne chance !

TABLE DES MATIÈRES

AVANT-PROPOS p. 5

POINTS DE REPÈRE

1. La carte de France des villes universitaires p. 8
2. Les formations proposées p. 9
3. La réforme du premier cycle p. 10

❶ LES MÉTHODES DE TRAVAIL

1. Objectifs et plans d'action p. 17
2. Les attitudes intellectuelles p. 22
3. La recherche documentaire p. 25
   Les sources p. 25
   Les classifications p. 28
   Les fiches p. 32
   Les comptes rendus p. 34
4. Conseils pratiques p. 38
   La gestion du temps p. 38
   La prise de notes p. 42
   La préparation aux examens p. 46
   Les attentes des enseignants p. 47

❷ MODALITÉS DE CONTRÔLE ET D'ÉVALUATION

1. Le résumé et le commentaire p. 53
2. Lecture de tableaux et interprétation de données quantitatives p. 55
3. Le dossier de TD p. 60
4. La dissertation p. 63
5. L'oral p. 80

RÉFÉRENCES BIBLIOGRAPHIQUES

1. Réussir p. 84
2. Cursus p. 84
3. « U » p. 89
4. « Flash » p. 95

1. LA CARTE DE FRANCE DES VILLES UNIVERSITAIRES

(*Source* : Ministère de l'Éducation nationale, de l'Enseignement supérieur et de la recherche, 1995)

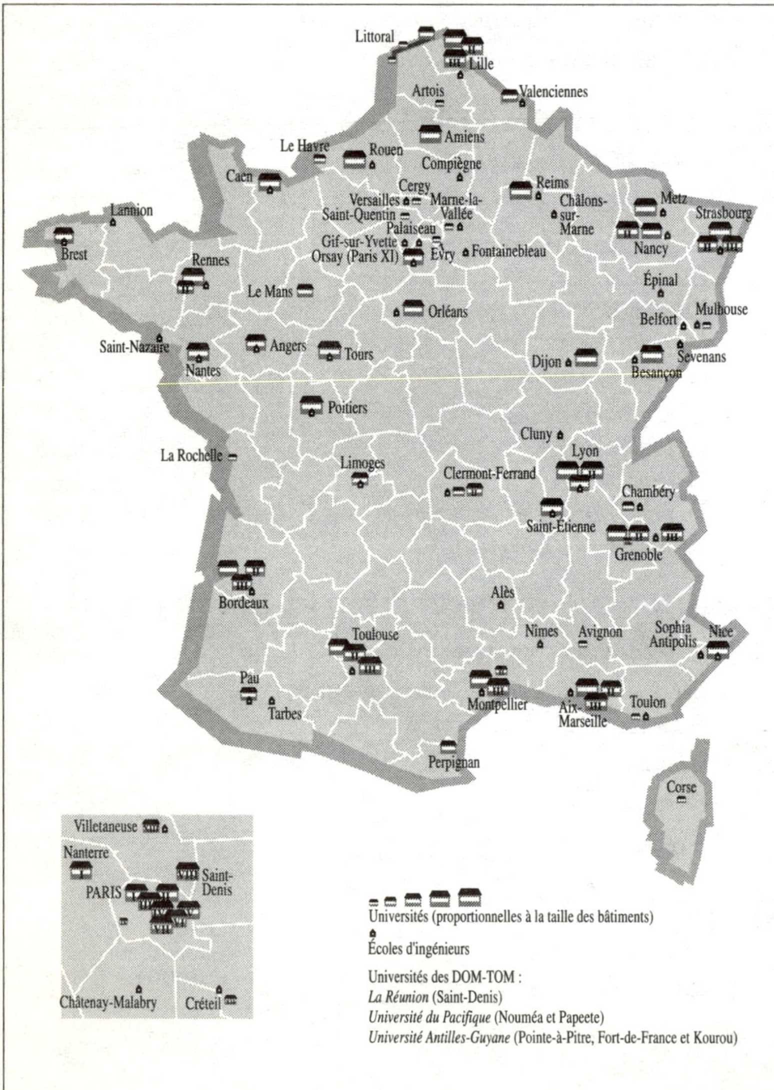

2. LES FORMATIONS PROPOSÉES

(*Source* : A. Laïdi, *Réussir son DEUG*, Paris, l'Étudiant, 1995, 2e éd., p. 29)

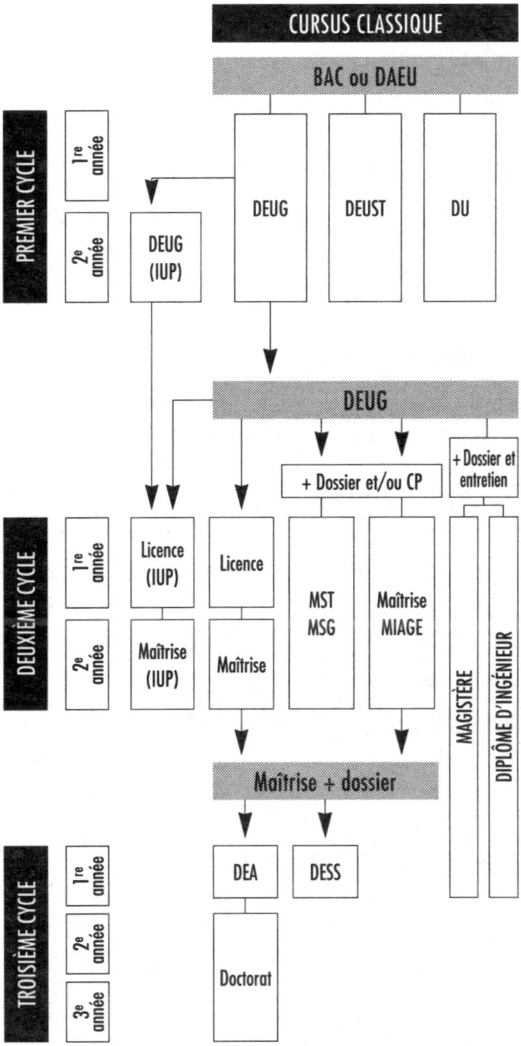

RÉORIENTATIONS

Avec un niveau DEUG

Autre DEUG, DEUST ou DU
STS
IUT
Concours administratifs B

Avec DEUG

Autre DEUG (1re ou 2e année)
IUT (année spéciale)
Concours administratifs B (parfois A)
Grandes écoles

Avec une licence

Autre licence ou éventuellement autre maîtrise
Instituts spécialisés
IEP
Grandes écoles
Concours administratifs A
IUFM

Avec une maîtrise

Instituts spécialisés
Grandes écoles
Concours administratifs A
Agrégation

CP (certificats préparatoires) ; DAEU (diplôme d'accès aux études universitaires) ; DEA (diplôme d'études approfondies) ; DESS (diplôme d'études supérieures spécialisées) ; DEUG (diplôme d'études universitaires générales) ; DEUP (diplôme d'études universitaires professionnalisées) ; DEUST (diplôme d'études universitaires scientifiques et techniques) ; DU (diplôme universitaire) ; IEP (institut d'études politiques) ; IUFM (institut universitaire de formation des maîtres) ; IUP (institut universitaire professionnalisé) ; MIAGE (méthodes informatiques appliquées à la gestion des entreprises) ; MSG (maîtrise de sciences de gestion) ; MST (maîtrise de sciences et techniques).

3. LA RÉFORME DU PREMIER CYCLE

Imaginée par Lionel Jospin, affinée par Jack Lang et entérinée par François Fillon en juin 1993, cette réforme est basée notamment sur une organisation modulaire des enseignements, sur la mise en place d'une période d'orientation et sur le développement du tutorat. Elle répond à plusieurs finalités :

– mieux préparer les étudiants à leur insertion dans le monde du travail ;

– favoriser les capacités d'autonomie et de communication ;

– assurer une formation « solide » et « équilibrée ».

Les *filières* sont maintenant au nombre de dix, la plupart étant assorties de *mentions* (et, dans certains cas, d'*options*) :

- **DEUG lettres et langues.** Huit mentions : lettres classiques ; lettres modernes ; langues, littératures et civilisations étrangères ; langues étrangères appliquées ; langues et cultures régionales ; sciences du langage ; histoire des arts et archéologie ; médiation culturelle et communication.
- **DEUG sciences humaines et sociales.** Huit mentions : géographie ; histoire ; histoire des arts et archéologie ; philosophie ; mathématiques, informatique et statistiques appliquées aux sciences humaines et sociales (MISASHS) ; psychologie ; sciences du langage ; sociologie.
- **DEUG arts.** Cinq mentions : arts plastiques ; arts du spectacle ; histoire des arts et archéologie ; médiation culturelle et communication ; musique.
- **DEUG économie et gestion** : sans mention particulière.
- **DEUG AES** : sans mention particulière.
- **DEUG droit** : sans mention particulière.
- **DEUG technologie industrielle.** Deux mentions : génie des systèmes ; génie des procédés.
- **DEUG sciences.** Cinq mentions : mathématiques, informatique et applications aux sciences ; sciences de la matière ; sciences de la Terre ; sciences de la vie ; mathématiques appliquées et sciences sociales (MASS).
- **DEUG STAPS** : sans mention particulière.
- **DEUG théologie.** Deux mentions : théologie catholique ; théologie protestante.

Détaillons certains de ces intitulés :

DEUG lettres et langues

- **Lettres classiques** : langues grecque et latine ; littérature et civilisation grecques et latines ; linguistiques grecque et latine ; littérature et linguistique françaises.
- **Lettres modernes** : littérature française des origines à nos jours ; linguistique du français et histoire de la langue des origines à nos jours ; stylistique et poétique générale ; littérature comparée ; langue et littérature latines ; langue vivante.
- **Sciences du langage** : linguistique générale ; sémantique et sémiotique ; phonétique et phonologie ; morphologie et syntaxe ; énonciation et pragmatique.
- **Langues, littératures et civilisations étrangères** : compréhension, expression, traduction écrites et orales ; culture et civilisation étrangères ; linguistique et stylistique ; littérature étrangère.
- **Langues étrangères appliquées** : compréhension, expression, traduction écrites et orales ; civilisation (langue 1 et langue 2) ; langue des échanges et/ou des spécialités (langue 1 et langue 2) ; connaissance du monde économique et social.
- **Langues et cultures régionales** : littérature ; compréhension, expression et traduction écrites et orales ; culture et société.
- **Histoire des arts et archéologie** : grands domaines de l'histoire de l'art et de l'archéologie ; techniques et méthodes.
- **Médiation culturelle et communication** : théorie des médias et de la médiation culturelle ; théorie de l'information et de la communication ; sémiotique.

DEUG sciences humaines et sociales

- **Géographie** : géographie des milieux naturels et de l'environnement ; régions, nations et aires culturelles ; géographie des populations et des sociétés ; initiation à la cartographie et aux techniques d'analyse spatiale ; statistiques et informatiques appliquées à la géographie.
- **Histoire** : histoire ancienne, médiévale, moderne, contemporaine ; méthodes et techniques de l'histoire.
- **Histoire des arts et archéologie** : grands domaines de l'histoire de l'art et de l'archéologie ; techniques et méthodes.

- **Mathématiques, informatique et statistiques appliquées aux sciences humaines et sociales (MISASHS)** : algèbre, probabilité, statistiques, mathématiques appliquées, architecture des ordinateurs, systèmes d'exploitation, algorithme, méthodes de programmation, méthodes mathématiques pour les statistiques et informatique ; enseignements obligatoires correspondant à une autre mention du DEUG sciences humaines et sociales.
- **Philosophie** : histoire de la philosophie ; philosophie générale et métaphysique ; logique ; philosophie des sciences, philosophie morale et politique.
- **Psychologie** : psychologie générale et différentielle ; psychologie du développement et de l'involution ; psychologie sociale ; psychologie clinique et psychopathologie ; psychologie physiologique ; statistiques appliquées à la psychologie.
- **Sciences du langage** : linguistique générale ; sémantique et sémiotique textuelle ; phonétique et phonologie ; morphologie et syntaxe ; énonciation et pragmatique.
- **Sociologie** : théories sociologiques ; description et analyse des phénomènes sociaux ; pratique de l'investigation ; statistiques appliquées à la sociologie.

DEUG arts

- **Arts plastiques (cinéma, danse, théâtre)** : pratique plastique ; histoire, analyse et esthétique des arts plastiques.
- **Arts du spectacle** : pratique des arts du spectacle ; histoire, analyse et esthétique des arts du spectacle.
- **Histoire des arts et archéologie** : grands domaines de l'histoire de l'art et de l'archéologie ; techniques et méthodes de l'histoire et de l'archéologie.
- **Musique** : pratique musicale ; histoire, analyse et esthétique des arts musicaux.
- **Médiation culturelle et communication** : théorie des médias et de la médiation culturelle ; théorie de l'information et de la communication ; sémiotique. Cette mention donne accès à la licence d'information et communication, à condition que la faculté propose au choix quatre thèmes parmi les huit suivants : documentation et techniques documentaires, économie de la communication, théorie de la communication et de l'information, histoire de la communication écrite et audiovisuelle, analyse des messages iconiques et sonores, analyse des mécanismes et des pratiques de la communication, supports écrits de la communication, médias, cultures, sociétés.

DEUG économie et gestion

Les deux tiers des enseignements portent obligatoirement sur les disciplines suivantes :

- **Analyse économique** : microéconomie, macroéconomie, analyse monétaire...
- **Techniques quantitatives** : mathématiques et statistiques, informatique.
- **Sciences de gestion et connaissances de l'entreprise et de son environnement** : introduction à la gestion et à l'analyse des organisations, comptabilité, droit...

DEUG AES

Ce DEUG s'appuie essentiellement sur trois groupes de matières :

- **Sciences juridiques et politiques** : droit privé, droit public.
- **Sciences sociales et humaines** : sociologie, histoire économique et sociale...
- **Sciences économiques et de gestion** : analyse économique, introduction à la gestion, comptabilité...

Le tiers restant peut porter sur l'apprentissage d'au minimum une langue étrangère, sur les techniques quantitatives de gestion ou sur des options complémentaires.

I

Les méthodes de travail

La réussite aux examens est affaire de travail certes, mais aussi d'organisation et de savoir-faire. Laissez l'improvisation et le dilettantisme au vestiaire ! Fixez-vous, en revanche, des objectifs qui soient raisonnables, à votre portée. Ne chargez pas trop la barque et mobilisez les atouts dont vous disposez : regard critique, capacité d'adaptation, autonomie...

Suivez également quelques conseils pratiques ayant trait à la mémorisation, à la gestion de votre calendrier ou à la constitution de fichiers. N'oubliez pas, par ailleurs, de fréquenter assidûment les centres de documentation et les bibliothèques universitaires : la lecture (plume en main !) de manuels, d'encyclopédies ou de dictionnaires vous sera très profitable, surtout si elle s'accompagne de recensions ou de comptes rendus. Ajoutez à votre panoplie de parfait étudiant la compréhension des graphiques et des tableaux statistiques, la prise en compte des exigences de la recherche et la valorisation de certaines « postures » intellectuelles.

Il vous faut, plus généralement, disposer d'une « méthode », c'est-à-dire -comme le soulignait Descartes dans son célèbre *Discours* (1637)- de « règles certaines et faciles, grâce auxquelles tous ceux qui les observent scrupuleusement ne supposeront jamais vrai ce qui est faux, et parviendront, sans se fatiguer en efforts inutiles, mais en accroissant régulièrement leur savoir, à la connaissance exacte de ce qu'ils peuvent atteindre », suivant en cela un « plan réfléchi et déterminé d'avance », susceptible d'« indiquer les errements à éviter afin de parvenir au but que l'on s'est fixé ».

■

1. Objectifs et plans d'action

Composez votre « menu » en vous inspirant des programmes suivants, aux noms souvent folkloriques à défaut d'être enchanteurs :

TYPES DE PROGRAMME : PRINCIPES ET STRATÉGIES

Avoté	Épate	Éface
• Adapter son expression	• Éduquer sa mémoire	• Épurer son style
• Vaincre les inhibitions	• Persévérer, quels que soient les obstacles	• Faire preuve de lucidité (bien connaître ses points forts et ses limites)
• Organiser sa pensée	• Avoir un « projet de vie»	• Agir avec méthode
• Tirer parti de son environnement	• Trouver un équilibre études/loisirs	• Constituer sa propre documentation
• Évaluer ses capacités	• Exercer son intellect	• Effectuer, à intervalles réguliers, des synthèses

Autres règles d'or, qu'il est toujours opportun de rappeler :

- *Être soi-même...* et au mieux de ses possibilités, en veillant à sa santé, en protégeant son sommeil et en s'accordant des moments de détente.
- *Progresser par étapes et séparer l'essentiel de l'accessoire.*
- *Développer les qualités d'écoute et de créativité.*

Qu'il s'agisse de lire un texte ou d'exploiter des données quantitatives, plusieurs phases peuvent être distinguées : observation, traitement des informations recueillies (on parle aussi de « reformulation » ou de « retranscription »), conceptualisation, construction d'une problématique.

LIRE, C'EST ÊTRE CAPABLE DE :

Observer	Retranscrire	Conceptualiser	Problématiser
• Être attentif aux sources documentaires (nom de l'auteur, titre de l'œuvre, année d'édition...) • Se montrer sélectif et rigoureux • Souligner ce qui, à première vue, peut vous paraître insolite	• Faire ressortir, sous forme d'un schéma d'implication, d'une chaîne causale ou d'un tableau à double entrée, les grandes articulations du texte • Dégager une ligne directrice • Formuler une hypothèse	• Définir les termes utilisés • Aller au-delà des apparences et s'efforcer de comprendre ce qui est sous-jacent ou de l'ordre de l'implicite • Trouver les idées forces et les hiérarchiser	• Vérifier ou infirmer des assertions, mettre à jour d'éventuelles contradictions • Suggérer d'autres pistes de réflexion • Recourir à des théorisations
Se documenter	Proposer des éléments d'interprétation	Appronfondir une thèse	Apprendre à argumenter

EXPLOITER DES DONNÉES QUANTITATIVES, C'EST POUVOIR :

Observer	Retranscrire	Conceptualiser	Problématiser
• Repérer la date de l'enquête, les échelles et les unités • Ne pas confondre valeur absolue et valeur relative • Mettre l'accent sur les tendances générales *(trends)*	• Manier les outils statistiques de base • Calculer des taux et des pourcentages • Savoir passer d'un tableau statistique à d'autres modes de représentation	• Distinguer le concept de ce qui sert à le mesurer • Rechercher des corrélations ou des liens de causalité • Être conscient des limites de toute modélisation	• Replacer les résultats obtenus dans leur contexte spatio-temporel • Comparer avec d'autres séries • Confronter les différentes courbes
Produire des synthèses chiffrées	Maîtriser des instruments de mesure	Formaliser	Relativiser les points de vue

D'autres classifications sont évidemment concevables. Faire une dissertation, par exemple, c'est tout à la fois utiliser des informations, raisonner et s'exprimer :

Vous devez donc… / Faire une dissertation, c'est…	**Être clair**	**Suivre un fil conducteur**	**Savoir conduire une démarche**	**Personnaliser un devoir**
Utiliser des informations	Connaître la signification précise de tel ou tel concept	Employer à bon escient les notions clés	Se référer à des cadres d'analyse	S'interroger sur la pertinence des thèses en présence
Raisonner	Bâtir un plan et éviter le hors-sujet	Forger une problématique	Soigner la qualité de l'argumentation	Promouvoir le souci de cohérence
S'exprimer	Combattre les fautes d'orthographe et les impropriétés	Introduire, développer, conclure	Faire des transitions	Favoriser le « liant» dans l'expression

De même, réaliser une fiche-concept est une opération complexe :

Définition	Notions liées
Caractéristiques essentielles	Problématique
Situations adéquates (exemples /contre-exemples)	Auteurs et références bibliographiques

Quant à l'*analyse des documents*, tout dépend du « support » envisagé (texte, œuvre d'art, plans d'architecture...) (*Source :* E. Désiré *et alii*, *Réussir le DEUG d'histoire-géographie*, Paris, A. Colin, 1993, p. 73) :

Support \ Caractérisation	Auteur(s) (bibliographie)	Date(s)	Contexte culturel	Forme	Contenu		
					Inventaire	Analyse critique	Analyse stylistique
Texte							
Œuvre d'art							
Plans d'architecture							

Nous reviendrons sur chacune de ces étapes mais, auparavant, munissez-vous d'une grille d'auto-évaluation. Utilisez, dans cette optique, un carton bristol dont la solidité devrait faire merveille tout au long de votre année universitaire. En face de chaque exercice, mettez une croix si vous avez effectué la tâche demandée, un tiret en cas d'incapacité, un point d'interrogation là où vous rencontrez des difficultés. Si l'on regroupe toutes ces données, on obtient alors un tableau du type :

Aptitudes à tester \ Travail du... (indication de la date)	Octobre			Novembre			Décembre			...
	1-10	11-20	21-31	1-10	11-20	21-30	1-10	11-20	21-31	
Lire un texte :										
– Se documenter										
– Proposer des éléments d'interprétation										
– Approfondir une thèse										
– Apprendre à argumenter										
Exploiter des données quantitatives :										
– Produire des synthèses chiffrées										
– Maîtriser des instruments de mesure										
– Formaliser										
– Relativiser les points de vue										
Faire une dissertation :										
– Utiliser des informations										
– Raisonner										
– S'exprimer										

Grâce à ce procédé, vous pourrez mieux apprécier l'état de vos connaissances, noter les progrès enregistrés ou les baisses de régime, cerner vos lacunes et demander conseil auprès de vos enseignants. Et si vos camarades de promotion font de même, vous serez en mesure de comparer vos compétences respectives : une saine émulation n'est pas une mise à mort !

La possibilité d'un échec ne peut être hélas totalement écartée. Si une telle mésaventure vous arrivait, ne cédez pas à la « déprime » et, comme le martèlent certaines publicités, « positivez » (*Source* : J.-L. Cospérec, *100 Conseils pour étudier mieux*, Paris, Roudil, 1986, pp. 2-33) :

Attitudes négatives	**Attitudes positives**
• *Considérer que l'échec est sans appel* et renoncer sur le champ à poursuivre ou à recommencer, mettre « les cahiers au feu et le maître au milieu » comme dit la chanson enfantine « Vive les vacances ».	• *Il existe toujours une autre voie*, et celle-là n'est pas obligatoirement bouchée ; cela mérite de toute façon qu'on y réfléchisse. Il est urgent d'attendre avant de renoncer.
• Poursuivre ou recommencer sans avoir tiré les leçons de l'échec ou du passage à vide ; *croire que l'examen ou le concours est une loterie* et que l'on a, tout simplement, tiré un mauvais numéro.	• Un échec, même limité, doit donner lieu à *un bilan*. C'est un palier à partir duquel on doit progresser ; la malchance n'explique pas tout. Si l'on poursuit selon la même méthode, ce ne peut être qu'après mûre réflexion.
• Donner de l'échec une *explication trop étroite* (il s'agit d'un simple oubli, ou bien d'une légère erreur d'interprétation du sujet...), ou *trop large* (c'est toute ma façon de penser qui est mauvaise, je ne vaux rien).	• Il est rare que l'une ou l'autre explication soit la bonne : une petite erreur n'a de conséquence que si elle est plusieurs fois répétée ou si elle manifeste un défaut de logique ; *il est peu probable que votre travail soit complètement dépourvu de valeur.* De toute manière, vous ne pouvez en conclure que vous ne valez rien. Analysez tout cela sereinement.
• Être complètement « au tapis » ; ne pas réagir, ni dans un sens ni dans un autre ; *cultiver sa « déprime »*, refuser d'en parler. S'isoler, ne plus rien faire parce qu'on ne sait quoi faire.	• Réagir sans précipitation, mais réagir. Demander une aide, s'il y a lieu, pour mieux comprendre les raisons de ce ratage (au professeur, à des collègues). Dans le doute, avant de prendre une décision, se remettre tout doucement au travail, sur des sujets faciles. *Ne pas rester* au moral, comme au physique, *couché !*
• Passer à une vitesse supérieure (plus de travail, plus longtemps, plus vite) sans avoir compris la raison de l'échec ; *se tuer à l'ouvrage...*	• Chercher plutôt à *travailler autrement*, ou à mieux suivre la méthode et le programme retenus si, après cogitation, on n'a aucune raison d'en changer. Relire les conseils proposés dans ce livre.

2. Les attitudes intellectuelles

Quatre d'entre elles sont prioritaires. L'*analyse* tout d'abord (du grec *analuein*, action de délier) renvoie à la décomposition d'un tout en ses unités constitutives et fournit l'explication raisonnée de tel ou tel phénomène. Seconde opération, inverse de la précédente : la *synthèse*, laquelle procède du simple au complexe et offre les moyens d'une exposition ordonnée et achevée. Par l'intellect, et selon une démarche nouvelle, la totalité est ainsi reconstruite à partir de ses éléments. Autre procédure : la *dialectique* laquelle, conçue à l'origine comme « art du dialogue » ou comme « habileté à discuter par demandes et réponses », prend appui sur l'idée de contradiction ou de dualisme et se réfère au réalisme platonicien, à l'idéalisme hégélien ou au matérialisme historique. Dernière composante ici à l'honneur : l'attitude *critique*, qui fait valoir qu'on ne peut admettre aucune affirmation sans avoir reconnu sa légitimité. Cela nécessite « un libre et public examen », pour reprendre une formule kantienne bien connue. Tout en étant assujettie à des règles universelles, la pensée n'est pas inerte : elle organise ses propres jugements de valeur, est synonyme d'autonomie et autorise un jugement personnel.

Des exercices spécifiques peuvent vous aider à développer l'une ou l'autre de ces attitudes :

Attitude à développer	**Exercices correspondants**
Analyse *(A)*	• Élaborer un plan détaillé d'exposé ou de dissertation *(A_1)* • Commenter diverses statistiques sur un même sujet *(A_2)* • Donner une solution pratique à un problème précis *(A_3)*
Synthèse *(S)*	• Réaliser une fiche de lecture *(S_1)* • Faire la contraction d'un texte *(S_2)* • Construire un tableau synoptique sur des auteurs ou des écoles de pensée *(S_3)*
Dialectique *(D)*	• Confronter des arguments opposés *(D_1)* • Organiser un débat contradictoire *(D_2)* • Mettre en perspective historique ou doctrinale un phénomène social donné *(D_3)*
Critique *(C)*	• Examiner la validité de certaines corrélations *(C_1)* • Questionner la valeur des statistiques et la pertinence des interprétations retenues *(C_2)* • Faire le point sur les résultats obtenus *(C_3)*

Donnons deux exemples. Le premier se rapporte à S_3. Votre chargé de TD souhaite que vous vous interrogiez sur les sources de l'interactionnisme et de l'ethnométhodologie. Il vous faudra évoquer les apports de Husserl, Weber et Simmel, sans négliger l'influence de l'école de Chicago ou de la sociologie compréhensive. La filiation retenue pourra se présenter ainsi (J.-P. Durand et R. Weil, sous la dir. de, *Sociologie contemporaine*, Paris, Vigot, 1989, p. 163) :

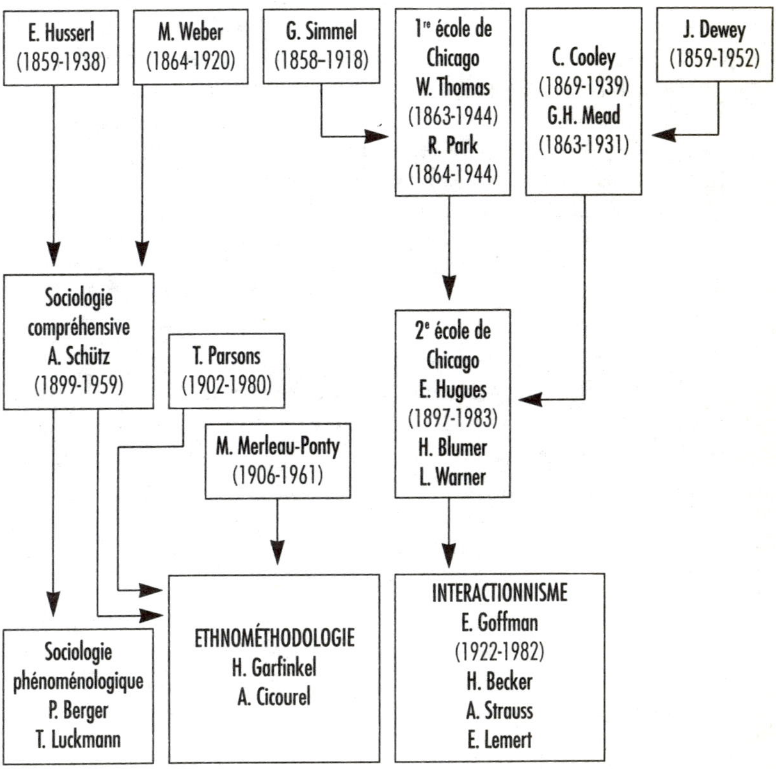

La fabrication de « mémo-outils » doit être, en outre, encouragée. Il en va ainsi de la *fiche bibliographique*, comme celle se rapportant à Thémistocle. Sont à mettre en exergue origines et formation, œuvre et personnalité (*Source* : E. Désiré *et alii*, *Réussir le DEUG d'histoire...*, *op. cit.*, p. 102) :

THÉMISTOCLE

Né vers 525 avant J.-C., cet homme – aux vues hardies et neuves – prend la tête du parti démocratique athénien et préconise pour sa cité une politique d'expansion maritime et commerciale. En 483, il convainc l'*Ecclesia* (assemblée des citoyens) de commencer les travaux du port du Pirée et de consacrer les revenus des mines d'argent du Laurion à la construction urgente d'une flotte de deux cent trières, la plus importante du monde grec. En 480, face à la grave menace perse, il fait évacuer Athènes et remporte sur les escadres de Xerxès la grande victoire navale de Salamine. Devenu trop influent, il est frappé d'ostracisme, puis accusé de médisme par les Spartiates, et se réfugie auprès du Grand Roi. Il meurt en 459 à Magnésie de Sipyle.

La seconde illustration concerne D_1. Supposons que vous deviez recenser les principaux arguments à l'appui ou en défaveur de la thèse de l'antagonisme des classes. Ayez le réflexe de «ratisser» large et d'envisager plusieurs critères :

Thèse / Critère	Thèse de l'antagonisme des classes	Thèse du nivellement social
Revenus	Les revenus de la propriété progressent beaucoup plus rapidement que les revenus salariaux.	Importance des politiques de redistribution. Rôle de l'État- providence.
Dualisation de la société	Précarisation et exclusion. Nouvelle pauvreté. De plus en plus de chômeurs de longue durée.	Mise en place d'actions de solidarité et d'insertion.
Niveau et mode de vie	L'homogénéisation n'est qu'apparente. Les écarts se reconstituent sur d'autres bases.	Ère de la consommation de masse. Phénomène de rattrapage.

Critère / Thèse	Thèse de l'antagonisme des classes	Thèse du nivellement social
Pouvoir	La logique de « classes » est toujours d'actualité.	Les conflits ne portent plus sur la seule propriété des moyens de production.
Mutations de l'appareil productif	Menaces sur l'emploi. Risques de déqualification et de prolétarisation.	Indistinction croissante des tâches. Implication et culture d'entreprise.
Culture	Persistance d'une culture «populaire» (celle des «boursiers») et d'une culture «bourgeoise» (celle des «héritiers»)	Tendance à la démocratisation (rôle des médias).

3. La recherche documentaire

Les sources

Est-il besoin d'insister sur les vertus de la lecture ? S'il y a un endroit dans le campus où vous devez laisser traîner vos guêtres, c'est bien le centre de documentation (« infothèque » faisant, dans certains milieux, plus « branché »). Vous y trouverez :

• les *instruments de travail usuels* : dictionnaires, encyclopédies, atlas, grammaires. Vous pourrez de la sorte vérifier l'étymologie, l'orthographe ou le sens d'un mot, prendre connaissance d'un point de syntaxe, compléter une notice biographique, retracer la chronologie d'événements marquants ;

• les *manuels de base*, *aide-mémoire* et *mémentos*. Vos révisions en seront facilitées et cela vous donnera l'occasion d'approfondir ou de mieux comprendre telle ou telle partie du cours ;

• les *ouvrages* que l'on peut appeler *d'information*, genre monographies ou études de cas, portant sur une période, un pays, un groupe social ou une question d'actualité ;

• les *grandes œuvres*, celles des « pères fondateurs ». Ne faites pas l'impasse sur des « valeurs sûres » ayant résisté à l'usure du temps, telles que *De l'esprit des lois* (Montesquieu, 1748), *Recherches sur la nature et les causes de la richesse des nations* (Smith, 1776), *De la démocratie en Amérique* (Tocqueville, 1835 et 1840)...

Il serait bon également que vous preniez l'habitude de consulter les *périodiques*, la plupart des livraisons comportant un dossier thématique sous forme d'articles, de notes critiques et de recensions. Commencez donc à feuilleter, en fonction de votre spécialisation, l'*Information historique*, l'*Année psychologique*, la *Revue française de sociologie*, les *Archives de philosophie*, les *Annales de géographie*, *Économie et société*, *Pouvoirs*, *Population*...

Pour compléter ce tour d'horizon, signalons l'existence d'*annuaires* et de *répertoires* réalisés à l'initiative (ou grâce au concours) d'associations professionnelles, de sociétés savantes, de laboratoires ou d'instituts, les publications de l'INSEE (et celles des services statistiques des principaux ministères : Travail, Affaires sociales, Éducation nationale) délivrant de précieuses informations :

	INSEE	MINISTÈRES		
		du Travail (DARES) (*)	des Affaires sociales (SES) (**)	de l'Éducation nationale (DEP) (***)
Périodiques	• *Économie et statistique* (mens.) • *INSEE Première* (soixante numéros par an)	• *Travail et emploi* (trim.) • *Dossiers statistiques du travail et de l'emploi* (une dizaine de numéros chaque année)	• *Informations rapides* (deux livraisons par mois) • *Solidarité santé. Études statistiques* (trim.)	• *Éducation et formations* (trim.) • *Note d'information* (hebdom.)

	INSEE	MINISTÈRES du Travail (DARES) (*)	MINISTÈRES des Affaires sociales (SES) (**)	MINISTÈRES de l'Éducation nationale (DEP) (***)
Ouvrages	• Séries *INSEE Résultats, Contours et caractères* • *Tableaux de l'économie française* (ann.) • *Données sociales*	• *Rapports d'étude et de recherche (Documents travail et emploi)*	• *Annuaire des statistiques sanitaires et sociales* (ann.)	• *Géographie de l'école* (ann.) • *L'État de l'école* (ann.) • *Repères et références statistiques sur les enseignements et la formation* (ann.)

(*) Direction de l'animation de la recherche, des études et de la statistique (anciennement SES : Service des études et de la statistique).
(**) Service des statistiques, des études et des systèmes d'information.
(***) Direction de l'évaluation et de la prospective.

Pour terminer, suivez de près les productions :

– du CNDP (Centre national de documentation pédagogique, 29 rue d'Ulm, 75230 Paris Cedex 5) ;

– du CREDOC (Centre de recherche pour l'étude et l'observation des conditions de vie, 142 rue du Chevaleret, 75013 Paris) ;

– de la Documentation française (29 quai Voltaire, 75007 Paris) ;

– de l'INED (Institut national d'études démographiques, 27 rue du Commandeur, 75675 Paris Cedex 14) ;

– de l'INSERM (Institut national de la santé et de la recherche médicale, 101 rue de Tolbiac, 75654 Paris Cedex 13) ;

– de l'OSCE (Office statistique des Communautés européennes, 61 rue des Belles-Feuilles, 75782 Paris Cedex 15)...

À votre disposition (consultez le 36.17, code ELECTRE), divers instruments comme les tables, les bulletins analytiques ou les bibliographies :

Type de publication	Instruments de recherche : quelques exemples
Ouvrages	• Bibliogr. courantes : *Les Livres de l'année - Biblio. Bibliographie générale des ouvrages de langue française* (Cercle de la Librairie) • Bibliogr. sélectives : *Bibliographie sélective des publications officielles françaises* (bimens., Documentation française) • Bibliogr. signalétiques et critiques : *Les Livres* (mens., Institut pédagogique national) ; *Revue bibliographique des ouvrages d'Économie politique, de Science financière, de Sociologie, d'Histoire et de Philosophie* (trim., LGDJ : Librairie générale de droit et de jurisprudence)
Articles	*Bulletin analytique de documentation politique, économique et sociale contemporaine* (mens., FNSP : Fondation nationale des sciences politiques) ; *Tables pluriannuelles des revues et périodiques (cf. supra).*

Un complément : les *catalogues d'éditeurs*, expédiés sur simple demande (A. Colin, Dalloz, Dunod, Fayard, Gallimard, Hachette, La Découverte, L'Harmattan, Minuit, Nathan, PUF, Seuil...).

■ *Les classifications*

L'accès aux collections peut être indirect ou libre. Dans le premier cas, les ouvrages sont habituellement classés selon leur dimension, c'est-à-dire leur format (hauteur en centimètres) : in-12, in-8°, in-4°, in-fol., qu'il faut lire in-douze, in-octavo, in-quarto, in-folio. Chaque document se voit aussi attribuer un numéro d'ordre, correspondant au numéro d'inventaire. La cote est portée au dos du livre et indique la place en rayon.

En accès libre, ce ne sont plus les caractéristiques matérielles qui priment mais les contenus, les sujets ou les thèmes étant explicités par des notions clés (lesquelles sont indexées). Les classifications les plus courantes s'inspirent de systèmes philosophiques. Dans son *Manuel du libraire et de l'amateur de livre* (1810), Brunet entendait ainsi rester fidèle aux enseignements de Bacon et suggérait un découpage en cinq parties : Théologie, Jurisprudence, Sciences et Arts, Belles-lettres, Histoire. Plus les partitions sont nombreuses, plus l'objet d'étude est bien circonscrit. On obtient alors une structure arborescente. L'exemple ci-dessous en témoigne :

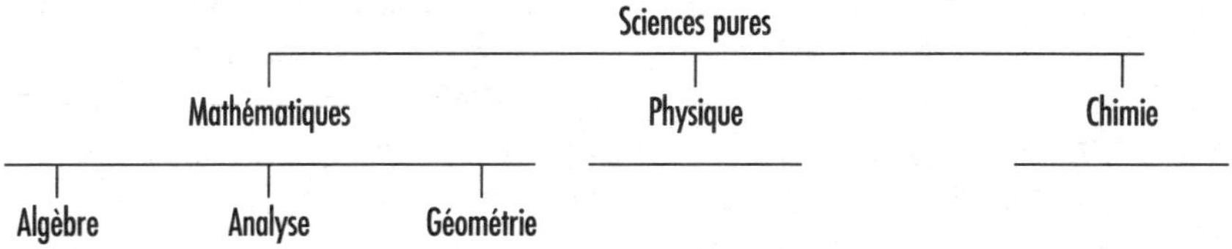

Les notations peuvent être alphabétiques, numériques ou mixtes, avec des variantes « latines » (bibliothèque du Congrès de Washington), « grecques » (version Ranganathan) ou « cyrilliques » (en Russie, modèle BBK). L'une des plus utilisées actuellement, notamment dans les pays anglo-saxons, a été élaborée au siècle dernier par Dewey. Celui-ci, soucieux de simplification et de normalisation, s'inspira des travaux de Harris et introduisit une division décimale, qui a l'avantage de la clarté et de la lisibilité. Dix disciplines sont distinguées dans *A Classification and Subject Index for Cataloguing and Arranging the Books and Pamphlets of a Library* (1876) : Généralités, Philosophie, Religion, Sciences sociales, Langage, Sciences pures, Techniques, Arts, Littérature, Géographie et Histoire.

Aucun indice ne peut avoir moins de trois chiffres. Au-delà, un point et parfois un espace s'imposent : 538 = Magnétisme ; 944.081 6 = Histoire de France, de 1939 à 1945 ; 634.4 = Agrumes... Pour cette dernière numérotation, la démarche suivie peut être visualisée ainsi :

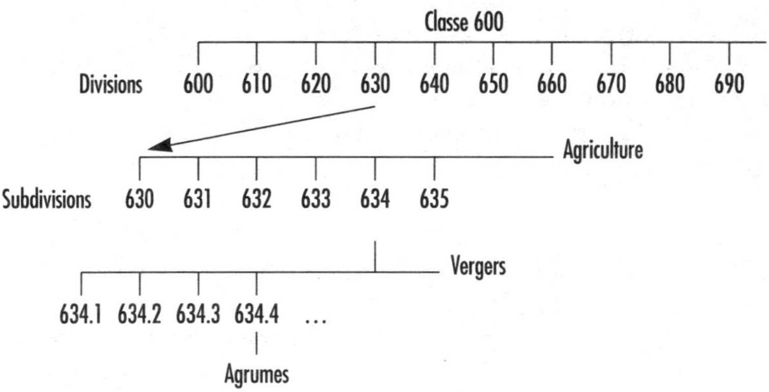

Quels que soient leurs mérites, ces nomenclatures – y compris la CDU, adaptation européenne (Bruxelles, 1905) de la classification de Dewey – soulèvent une triple critique (*Source :* A. Béthery, *Abrégé de la classification décimale de Dewey*, Paris, Éd. du Cercle de la Librairie, 1993, p. 16) :

> Aucun système, en effet, ne peut entraîner une totale adhésion de la part des professionnels et des utilisateurs : classer, c'est établir un certain ordre dans les connaissances et attribuer dans le système retenu une place à toute notion existante. Or, qu'il s'agisse de sciences, de techniques, et surtout peut-être de sciences humaines, l'interdisciplinarité, depuis quelques décennies, est une donnée de fait. Dans certains cas, les choix du classificateur peuvent sembler bien arbitraires.
> Ensuite, toute classification se périme inévitablement, puisqu'elle est fondée sur l'état des connaissances à un moment donné : c'est ainsi que dans la classification de Brunet, aucune classe n'est entièrement réservée aux sciences, qui partagent la troisième avec les arts. Dans celle de Dewey, la psychologie, discipline à part entière aujourd'hui, constitue une des divisions de la philosophie. L'accélération des connaissances se fait particulièrement sentir depuis une vingtaine d'années, où nous avons vu apparaître des sciences, des techniques nouvelles, comme l'astronautique et l'informatique par exemple. Certaines disciplines ont été considérablement modifiées ; ainsi, l'apparition des mathématiques modernes a bouleversé le domaine des mathématiques. Il est d'autre part impossible aujourd'hui de faire des recherches littéraires sans tenir compte des apports de la linguistique. Pour rendre compte de cette évolution incessante de l'ensemble des connaissances, les auteurs des grandes classifications se voient donc obligés d'élaborer des révisions de plus en plus fréquentes de leurs systèmes, révisions établies avec le concours de spécialistes et d'experts.
> Enfin, toute classification est le reflet -inévitable, certes- d'une civilisation ou d'une idéologie.

La parution, à intervalles réguliers, de nouvelles éditions permet toutefois de répondre à certaines de ces objections. En cas de difficultés, adressez-vous au bibliothécaire. Formulez clairement votre question et soyez le plus précis possible. Pour toute recherche documentaire, consultez en priorité le *fichier auteurs* et le *fichier matières*, et tirez parti le cas échéant des ressources de l'informatique.

Imaginons que vous ayez un devoir portant sur les méthodes expérimentales en psychologie sociale. Quelques noms vous viennent à l'esprit : Moreno, Lewin, Bales... Vous avez là un bon point de départ, surtout si les ouvrages correspondants auxquels vous songez sont catalogués et disponibles. Mais vous pouvez poursuivre vos investigations en vous reportant à l'index thématique et, plus précisément, à des termes ou à des expressions spécifiques : plan factoriel, tests, échelles d'attitude, *Gestalttheorie,* simulation... Parmi les lectures possibles, on peut inclure les contributions de :

– ANZIEU D. et MARTIN J.-Y., *La Dynamique des groupes restreints,* Paris, PUF, 1968.

– CORDIER F., *Représentation cognitive et langage,* Paris, A. Colin, 1995.

– DOISE W. *et alii, Psychologie sociale expérimentale,* Paris, A. Colin.

– FAUCHEUX C. et MOSCOVICI S. (sous la dir. de), *Psychologie sociale théorique et expérimentale,* Paris, Mouton, 1971.

– LASSARRE D., *Psychologie sociale et économie,* Paris, A. Colin, 1995.

– LÉVY A. (éd.), *Psychologie sociale. Textes fondamentaux anglais et américains,* Paris, Dunod, 1965.

– MAISONNEUVE J., *Introduction à la psychosociologie,* Paris, PUF, 1973.

– MATALON B., *Décrire, expliquer, prévoir. Démarches expérimentales et terrain,* Paris, A. Colin, 1988.

– PARLEBAS P., *Sociométrie, réseaux et communication,* Paris, PUF, 1992.

– ROUQUETTE M.-L. et GUIMELLI C., *Méthodologie expérimentale des sciences humaines,* Paris, Nathan, 1979.

Ajoutons que chaque livre possède un numéro international normalisé (ISBN, *International Standard Book Number*), composé de dix chiffres en quatre tranches séparées par des tirets :

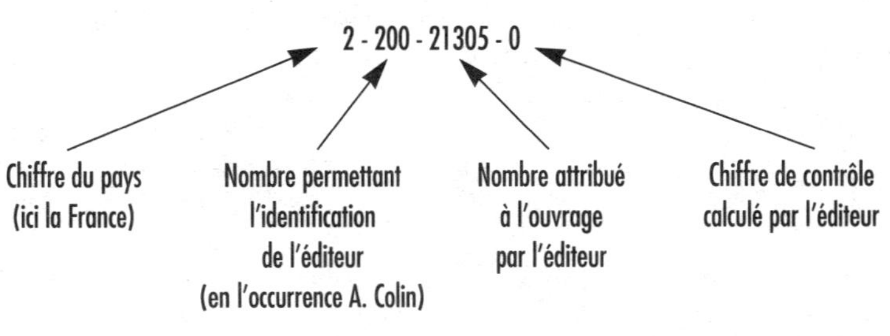

Quant aux opérations d'indexation, de cotation et de catalogage, elles peuvent être synthétisées comme suit :

Cote :	Titre [type de document] : sous-titre ; Auteur titre/Auteur, second auteur ; Auteur de fonction différente. - Mention d'édition. - Lieu de publication : Éditeur, date. - w-x p. : ill. ; y cm + matériel d'accompagnement. - (Collection. Sous-collection, ISSN ; n°) Notes. - ISBN
Différents accès :	
	ISBN : *International Standard Book Number*
	ISSN : *International Standard Serial Number*

■ *Les fiches*

Elles constituent une composante essentielle de votre documentation. La question du choix matériel n'est pas superflue : assurez-vous d'un support solide (bristol) et optez pour un format classique (« A7 » : 74 x 105 mm), le « cadre » dont vous disposez devant être utilisé de manière adéquate (de préférence, dans le sens de la longueur).

Au *recto*, outre le système de classification adopté, vous indiquerez :
• le nom (en majuscule), le prénom et la qualité de l'auteur (éventuellement des coauteurs et autres collaborateurs) ;
• le titre de la publication ;
• le lieu et la maison d'édition ;
• la référence de la collection et la date de parution ;
• la pagination ;
• le prix de vente.

Au *verso*, figureront un court résumé, une liste de mots clés, une brève appréciation personnelle ainsi qu'un certain nombre d'informations comme la réalisation (ou non) d'une recension.

Appliquons maintenant le protocole. Examinons, pour ce faire, un ouvrage récent consacré aux théories de l'entreprise :

■ RECTO	Cadré réservé au numéro de classification personnelle (CORWEI, par exemple)
CORIAT (Benjamin) et WEINSTEIN (Olivier), professeurs de sciences économiques à l'université de Paris-Nord *Les Nouvelles Théories de l'entreprise*, Paris, Le Livre de Poche, 1995, 219 p., 35 FF.	

■ VERSO
Résumé : Longtemps considérée par la théorie microéconomique standard comme une sorte de boîte noire censée réagir mécaniquement à l'environnement dans le cadre d'une concurrence pure et parfaite, l'entreprise a fait l'objet, depuis une quinzaine d'années, de nouvelles conceptualisations. Celles-ci sont présentées de manière détaillée et font l'objet d'un examen critique.
Mots clés : Capital humain. Contrats implicites. Coûts de transaction. Droits de propriété. Modèle procédural. Rationalité limitée. Relations d'agence. Salaires d'efficience.
Appréciation personnelle : Une synthèse de qualité permettant d'en savoir plus sur les antagonismes ou les complémentarités entre différents paradigmes.
Informations complémentaires : livre acheté en décembre 1995 ; compte rendu effectué le 21 mars 1996 et classé dans un fichier intitulé «Économie du travail et des ressources humaines» sous la cote ECO.TRA 96 (6).

Vous pouvez, de même, rédiger une fiche d'articles de revues. Il serait souhaitable que celle-ci soit quadrillée et de grand format (20 x 12,5 cm). Prenons comme thème les relations entre activité féminine et structures familiales dans la France contemporaine. Après avoir consulté quelques « banques de données » et pris connaissance du sommet des revues les plus courantes *(cf. supra)*, vous êtes en mesure d'opérer une première sélection :

THÈME :
Activité féminine et structures familiales dans la France contemporaine

Cadre réservé au numéro de classification personnelle FEM.96(2)

Titres des articles	Auteurs	Références	Classement
• « Du travail des femmes au partage du travail. Une approche des régulations familiales face aux évolutions du travail : le cas de la France depuis 1945 »	BARRÈRE-MAURISSON M.-A.	*Sociologie du travail,* 26(3), juillet-septembre 1984, pp. 243-254	Dossier SOC. TRA, fiche n° 8
• « Activités féminines et obligations familiales »	BLOCH F. *et alii*	*Dialogue,* n° 110, 4e trimestre 1990, pp. 75-90	Dossier SOC. FEM, fiche n° 5
• « Les sociologues face aux mutations de la famille : quelques tendances de recherches (1965-1985) »	KELLERHALS J. et ROUSSEL L.	*L'Année sociologique,* vol. 37, 1987, pp. 15-43	Dossier SOC. FAM, fiche n° 6

<table>
<tr><td colspan="2">THÈME :
Activité féminine et structures familiales dans la France contemporaine</td><td colspan="2">Cadre réservé au numéro de classification personnelle FEM.96(2)</td></tr>
<tr><th>Titres des articles</th><th>Auteurs</th><th>Références</th><th>Classement</th></tr>
<tr><td>• « Orientations théoriques en sociologie de la famille »</td><td>DÉCHAUX J.-H.</td><td>Revue française de sociologie, 36 (3), juillet-septembre 1995, pp. 525-550</td><td>Dossier SOC. FAM, fiche n° 3</td></tr>
<tr><td>• « Activités féminines et structures familiales. Quelle dépendance ? »</td><td>VÉRON J.</td><td>Population, 43 (1), janvier-février 1988, pp. 103-120</td><td>Dossier SOC. FEM, fiche n° 3</td></tr>
<tr><td>• Activité des jeunes femmes : héritages et transmissions »</td><td>MARRY C.</td><td>Économie et statistique, n° 283-284, mars-avril 1995, pp. 67-79</td><td>Dossier SOC. FEM, fiche n° 12</td></tr>
</table>

Faites l'acquisition, pour classer vos documents, de dossiers cartonnés, résistants et extensifs, pouvant « accueillir » plusieurs chemises. Vos possibilités d'archivage étant limitées (une chambre d'étudiant n'est pas une BU !), faites un tri une ou deux fois par an et éliminez les notes ou les références qui vous paraissent inutiles ou obsolètes.

■ *Les comptes rendus*

Les recensions d'ouvrage obéissent à des règles très précises qu'il vous faut respecter avant, pendant et après vos lectures :

Avant la lecture	Pendant la lecture	Après la lecture
▼	▼	▼
• Noter soigneusement titre et sous-titre	• Aller à l'essentiel	• Mettre en relief les thèmes abordés
• Repérer le public visé ; s'informer des qualités de l'auteur, de la date d'édition...	• Souligner les passages les plus importants (avec indication des pages)	• Reprendre les informations précédentes et les hiérarchiser

Avant la lecture	Pendant la lecture	Après la lecture
▼	▼	▼
• Examiner les index et la table des matières ; prendre connaissance de la dédicace, des remerciements, de la préface, de l'introduction et de la conclusion	• S'attacher à la logique de l'argumentation	• Porter, en quelques lignes, un jugement d'ensemble sur les idées émises

Passons aux travaux pratiques. Votre enseignant vous a demandé de rédiger deux comptes rendus (CR) : l'un concernant *Sous les regards de Caïn* de C. Sanchez, l'autre relatif aux *Réseaux européens transnationaux* (publication placée sous la direction de M. Merger *et alii*). Le premier doit être assez court, le second plus détaillé.

CR n° I : Christian SANCHEZ, *Sous les regards de Caïn. L'impossible observation des mineurs délinquants (1945-1972),* Ramonville Saint-Agne, Éditions Érès, 1995, 200 p.

Depuis la fin du XVIIIe siècle, est-il rappelé à juste titre dès l'introduction, le droit des mineurs a connu des fortunes diverses : beaucoup d'avatars, parfois de grandes errances mais aussi des avancées significatives, qu'il s'agisse de l'individualisation et de l'atténuation des peines, de la différenciation des lieux de détention ou bien encore de l'affirmation des principes de « discernement » ou d'« éducabilité ».
Toutes ces étapes - des « maisons de correction » aux « prisons d'amendement », des « colonies agricoles ou pénitentiaires » aux « internats » - sont retracées avec minutie. Les lois du 22 juillet 1912 (instituant les tribunaux pour enfants) et du 27 juillet 1942 (créant des lieux d'accueil et d'observation) font en particulier l'objet d'un examen attentif, de même que l'ordonnance du 2 février 1945 visant à promouvoir des mesures de protection, d'assistance ou de surveillance appropriées.
À l'image des *Child Guidance Clinics,* lesquelles sont apparues aux États-Unis au début du siècle, plusieurs institutions -dont la Tutélaire, l'asile de Denfert-Rochereau ou, à l'initiative d'Olga Spitzer, le foyer de Soullens à Brunoy- ont joué, en ce domaine, un rôle important, le Centre de Savigny-sur-Orge faisant office de modèle. Travaillant sur archives, Christian Sanchez nous fait revivre les temps héroïques puis les moments de doute et de crise de cet établissement phare.
L'accent est mis sur les tests de personnalité et sur les techniques d'expérimentation ou d'évaluation (celles relevant, notamment, de la psychologie clinique), sur les

stratégies des acteurs et sur les pratiques professionnelles, ainsi que sur les relations entre pouvoir judiciaire et pouvoir médical. Notons, à cet égard, que « si le législateur était animé d'une volonté humaniste, la réalité des besoins n'était guère en adéquation avec celle des moyens » (p. 161). D'où la nécessité de mettre en œuvre une « sectorisation interne », une « diversification des prises en charge éducatives » et une « autonomisation fonctionnelle des formations » (p. 162).

Une copieuse bibliographie et de nombreuses annexes ayant trait à la chronologie, aux sources consultées et aux critères de classification des jeunes délinquants apportent d'utiles compléments. Malgré quelques répétitions et certains passages trop allusifs (les approches pionnières du docteur Healy ou du pédagogue belge Rouvroy auraient sans nul doute mérité de plus amples développements), l'ouvrage est de qualité et vaut le détour.

CR n° II : Michèle MERGER *et alii* (sous la direction de), *Les Réseaux européens transnationaux XIXe et XXe siècles. Quels enjeux ?*, Nantes, Ouest Éditions, 1995, 432 p.

Dans le contexte actuel de la formation d'une nouvelle identité européenne, le thème de la « constitution progressive des réseaux de transport de voyageurs, de marchandises, d'énergie et d'information à travers les XIXe et XXe siècles » apparaît fondamental dès l'instant où cela « permet de mettre en évidence les grands débats et les principales étapes qui furent à l'origine de la mise en place des infrastructures indispensables au développement des échanges » (p. 14).

Conçu dans cette perspective, ce volume - publié grâce à divers apports financiers (dont celui du CNRS) - est le fruit de quatre années de recherche et s'inscrit dans le cadre d'une étroite collaboration entre l'Institut universitaire de Florence et l'Institut d'Histoire moderne et contemporaine de la rue d'Ulm. Il regroupe la plupart des communications présentées au Colloque de San Miniato, en Toscane, du 16 au 19 mai 1993. Cette rencontre, précise Michèle Merger dans son avant-propos, a réuni une trentaine de participants et cinq experts invités : les professeurs François Caron (Paris IV-Sorbonne), Rainer Fremdling (Gröningen), Daniel Headrick (Chicago), Thomas Hughes (Pennsylvanie) et Stephen Salsbury (Sydney).

Trois grandes parties structurent la réflexion. La première -étayée par des études de cas se rapportant à l'Allemagne et à la Belgique, aux Balkans et au Danemark, sans oublier l'Hexagone, la Suisse ou la Grande-Bretagne- traite des politiques de coopération en matière de télégraphie, attire l'attention sur la spécificité des contrats gaziers et retrace non seulement la genèse de l'interconnexion électrique mais aussi l'évolution du trafic aérien tout en rendant hommage à certains acteurs comme les entrepreneurs de travaux publics lesquels, comme le rappelle opportunément Dominique

Barjot (pp. 61-76), ont toujours su mettre en œuvre des procédés de construction de plus en plus efficaces.

Second temps fort : l'examen des conditions d'émergence d'« axes d'intérêts » ou de systèmes dits « intermodaux », qu'il s'agisse de la liaison Rhin-Rhône, du tunnel sous la Manche ou des routes et passages transpyrénéens. Sont ici à prendre en compte les pratiques tarifaires et les stratégies des États-nations, les besoins du marché, les contraintes techniques et organisationnelles et, plus généralement, la « dialectique » ou le degré de complémentarité entre « logique des flux » et « logique des coûts ». Deux interrogations majeures se posent dès lors : celle des « limites de l'automatisation » et celle de l'« optimum de taille » (p. 408).

Les cents dernières pages sont consacrées aux problématiques de l'intégration, de l'innovation et de la standardisation, la coordination des programmes et l'harmonisation des règles de fonctionnement tant administratives que comptables pouvant résulter d'accords ou d'arrangements conclus ou établis soit par voie diplomatique, soit par l'intermédiaire d'unions professionnelles ou d'associations non gouvernementales.

Les chemins de fer constituent, à cet égard, un domaine d'investigation privilégié : il n'est qu'à mentionner la législation ou les dispositifs relatifs à l'écartement des rails et au gabarit de chargement, à la signalisation et aux horaires, aux inspections douanières et aux transits scellés, ou bien encore - concernant les TGV - la réglementation touchant aux caténaires, aux pantographes ou aux charges à essieu (le chapitre VII, rédigé par Douglas Puffert et Elena Cefis, est sur ce point très instructif).

Même si quelques « coquilles » sont à déplorer, nous disposons là d'un bel ouvrage, bien ficelé, riche en analyses, en données statistiques et en comparaisons internationales.

Une telle « somme », on l'aura compris, mérite une large diffusion. Le soutien ou la médiation d'un certain nombre de « réseaux » devrait y contribuer !

4. Conseils pratiques

■ *La gestion du temps*

Examinons votre budget-temps hebdomadaire. Vous disposez en théorie de 168 heures :

Une semaine = 168 heures	
8 heures par jour x 7 : sommeil	56 heures
3 heures par jour x 7 : repas	21 heures
2 heures par jour x 5 : déplacements	10 heures
Activités extra-universitaires, sorties, sports...	20 heures
	107 heures

Il reste 61 heures pour vos études, soit environ sept journées complètes de 8 heures ! Si vous avez en moyenne vingt heures de cours, vous pouvez consacrer à votre travail personnel plus de quarante heures (168 - 127).

Certes, dans la réalité, il n'en est pas toujours ainsi et des événements imprévus vous obligent à modifier votre planning. Quoi qu'il en soit, celui-ci doit être :

• *personnel* : déterminez un horaire selon vos besoins et vos aspirations ;

• *équilibré* : veillez à un arbitrage judicieux entre études et distractions ;

• *souple* : laissez-vous des marges de manœuvre et faites jouer votre capacité d'adaptation ;

• *réaliste* : allez à votre propre rythme et ne soyez pas trop ambitieux ;

• *contrôlable* : vérifiez si les objectifs que vous vous êtes fixé ont été atteints.

Ne soyez ni lièvre ni tortue, ni épicurien ni stoïcien, ni trop perfectionniste ni dilettante (*Source* : P. Le Guérinel, *Les Épreuves de culture générale aux concours administratifs*, Paris, A. Colin, 1995, p. 53) :

Les trois couples	Leurs façons de travailler
Le lièvre et la tortue	Le lièvre commence à travailler dans les dernières semaines, persuadé qu'il vaut mieux s'y mettre intensément pendant peu de temps que répartir la charge de l'effort sur une plus longue période. La tortue commence parfois deux ou trois ans avant le concours (c'est le cas, plus nombreux qu'on ne l'imagine, des élèves qui s'y prennent très longtemps à l'avance et qui s'inscrivent à une pré-préparation puis à une préparation...).
L'épicurien et le stoïcien	L'épicurien examine surtout ce qui le passionne et ne suit pas un emploi du temps planifié. Il s'organise en fonction de son plaisir avant de rechercher l'efficacité. Le stoïcien, au contraire, visionne tout mais le fait souvent mal car il manque de motivation. Il travaille plus par devoir que par engouement ou réel intérêt.
Le « chercheur » et le dilettante	Le chercheur ne sait pas se limiter à ce qui est utile pour le concours ; il lui faut creuser le problème : c'est quelqu'un qui est mal à l'aise s'il ne lit pas intégralement un document, y compris les notes de bas de page, et qui ne finit jamais le programme tout en y ayant consacré un temps considérable. Le dilettante, lui, se satisfait de connaissances en fait superficielles ; le sentiment d'avoir compris lui est suffisant. Il va vite mais ne maîtrise pas grand-chose.

Méditez par contre les enseignements de Parkinson, Pareto ou Carlson (*Source : ibid.*, p. 56) :

LES SIX LOIS DE GESTION DU TEMPS

La loi	Son contenu	La leçon à en tirer
La loi de Parkinson	Le travail se dilate jusqu'à occuper tout le temps disponible.	Toute tâche doit se voir allouer un délai de réalisation. Fixez-vous des contraintes et respectez-les.
La loi de Pareto	L'essentiel représente 20 % du temps et l'accessoire 80 %.	Le temps que l'on se donne doit être consacré en priorité à ce qui est fondamental.
La loi de Murphy	Ce que l'on doit effectuer prend toujours plus de temps que ce que l'on a prévu.	La durée estimée doit toujours être augmentée de 20 % pour rester réaliste.
La loi de Illich	Passé un certain seuil, l'efficacité diminue.	L'attention chute assez rapidement. Il faut tenir compte des cycles et ne pas aller au-delà d'une heure et demie sans faire de pause.
La loi de Carlson	Faire une tâche en continu (et non en plusieurs fois) est beaucoup plus rentable.	Dans la mesure du possible, la lecture d'un texte ou la rédaction d'un dossier ne doit pas être « hachée ».
La loi de Douglas	La documentation remplit toujours l'espace disponible.	Il faut systématiquement ranger ses documents et les trier pour ensuite ne pas perdre de temps à rechercher une information.

Autres recommandations : variez les tâches (ou les plaisirs !), organisez votre travail par séquences de quarante à cinquante minutes, prévoyez des pauses et tenez compte des fluctuations du rendement intellectuel durant la journée, les performances étant maximales en fin de matinée puis déclinant jusqu'à seize heures, pour reprendre ensuite jusqu'à vingt et une heures.

Compte tenu de ces contraintes, « noircissez » comme l'un de vos camarades lillois (en l'occurrence, sociologue) votre agenda :

	Lundi	Mardi	Mercredi	Jeudi	Vendredi	Samedi	Dimanche
7-8							
8-9			Cours de mathématiques	Cours de sociologie	Cours de sociologie		
9-10	TD de sociologie	Bibliothèque, centre de documentation		Bibliothèque, centre de documentation		Préparation des prochaines séances de TD	
10-11					UV optionelle		
11-12							
14-15	Cours d'ethnologie		Cours d'économie	Activités sportives	Bibliothèque, centre de documentation	Travail de groupe avec quelques camarades	
15-16							
16-17		Cours de sociologie	TD de mathématiques				
17-18							
	Activités sportives				Activités sportives		
20-21		Rédaction de comptes rendus	Sorties avec des ami(e)s		Relecture des notes de cours	Sorties, cinéma, concerts	Organisation de la semaine
21-22	Relecture des notes de cours			Classement des documents, mise en ordre des fichiers			
22-23							
23-24							
0-1							

Ayez toujours un œil sur les échéances, sachez anticiper et, en fonction des dates d'examen, ménagez-vous des périodes de révision. Pour ceux qui n'ont pas la mentalité *free-rider*, travailler en petits groupes peut être également une bonne solution, à condition de bien connaître ses coéquipiers, de fixer d'un commun accord un ordre du jour, d'organiser des lieux de réunion (tables, salle, supports...) et de répartir équitablement les tâches à accomplir.

Soulignons enfin que les écarts les plus nets, quant à l'assiduité aux cours et à l'investissement personnel, ne s'établissent pas entre filles et garçons ou entre Parisiens et provinciaux, mais sont davantage liés au *statut* (étudiant/salarié) et au *mode de logement* (cité universitaire ou location/cohabitation avec les parents).

■ *La prise de notes*

On ne prend pas des notes pour obéir à un professeur, lui faire plaisir ou échapper à une réprimande, mais pour assimiler des idées et s'approprier un savoir. Ne vous laissez donc pas distraire par les grincements de chaises, les bruits de fond ou les bavardages de vos camarades. Évitez, de même, les petits dessins ou les caricatures : cela risquerait de vous détourner du sujet ! Faites plutôt appel à votre faculté de jugement, à votre esprit d'analyse et de synthèse : mettez en valeur les notions les plus essentielles, notez bien les enchaînements et les transitions, soyez -en un mot- sélectif (*Source* : F. Le Bras, *Comment prendre des notes ?*, Alleur, Marabout, 1992, p. 39) :

LES MÉCANISMES INTELLECTUELS DE LA PRISE DE NOTES

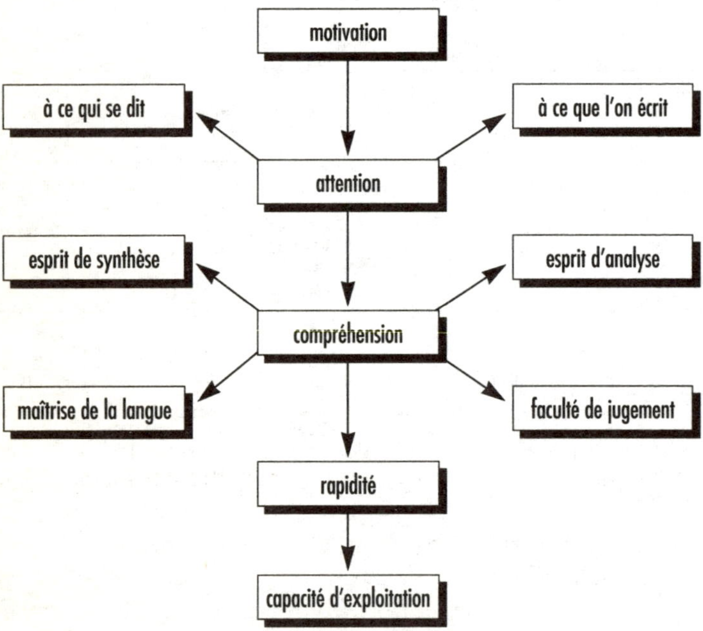

Il est recommandé, en outre, de recourir :

• à des *codes* ou à des *abréviations*

Code	Équivalence
?	Si vous n'avez pas compris
I	Intéressant
R	À retenir
A	À approfondir
V	À vérifier
Ex	Exemple
Déf	Définition
Cit	Citation
Arg	Argument
OK/Non	D'accord/Pas d'accord

• à des *symboles logiques* (*Source : ibid.*, p. 118)

implique	$\Rightarrow$	n'implique pas	$\not\Rightarrow$
égal	=	différent	$\neq$
parallèle	//	sensiblement	$\approx$
opposé	$\not\leftrightarrow$	interaction	$\longleftrightarrow$
naissance création apparition	$\uparrow$	mort disparition fin	†
croissance développement	$\nearrow$	déclin chute	$\searrow$
stagnation	$\wedge\!\wedge\!\wedge\!\wedge\!\wedge$	plus grand que	>
plus petit que	<	s'ajoute	+
plus ou moins	$\pm$	il existe	$\exists$
il n'existe pas	$\nexists$	quelconque	$\forall$

• à des *signes sténographiques*

particulier	avec
presque	partout
pendant	définitif
beaucoup	même
minimum	maximum
ordinaire	extraordinaire
nécessaire	il y a
à peu près	au contraire
caractéristique	caractère
en ce qui concerne	systématique
recherche	correspond
il n'y a pas	en ce moment
la plupart	incontestable
parce que	contestable
suivant	article
ministère	faculté
national	international
commercial	en général
c'est-à-dire	département
toujours	commerce
tout de suite	

Écrivez lisiblement, de préférence sur de grandes feuilles, et laissez un espace (à gauche ou en bas) pour vos réflexions personnelles : questions à éclaircir, renvois à d'autres parties du cours, reformulations... Une fois chez vous, à tête reposée, relisez-vous : complétez vos notes et, au besoin, n'hésitez pas à les remanier. Récapitulons toutes ces opérations :

Que faire ?	Comment ?
Noter le plan	Être sensible aux articulations
Aller à l'essentiel	Repérer les passages clés et souligner les idées forces
Privilégier l'attention	Pratiquer l'écoute active

Que faire ?	Comment ?
Regrouper les termes les plus importants	Recourir aux codes et aux abréviations
Consigner les doutes et les incompréhensions	Utiliser les zones ou les emplacements réservés à cet effet
Fixer ce qui n'est pas immédiatement mémorisable	Écrire les noms propres, les dates, les données chiffrées
Indiquer ses propres idées	Mettre en marge quelques termes significatifs

Pour conclure, mentionnons trois « dilemmes » qui -vous devez en être conscient- sont loin d'être anecdotiques (*Source :* J.-L. Cospérec, *100 Conseils..., op. cit.*, pp. 68-70) :

Cahiers, carnets ou feuilles volantes ?

Pour la prise de notes, la formule du carnet ou du cahier permet d'éviter de perdre les feuilles, mais elle manque de souplesse : il est difficile d'introduire après coup des compléments d'information ; réservez donc le cahier pour des usages du type journal – le *journal de bord*, le *cahier d'extraits*, le *cahier d'idées* – qui impliquent un enregistrement continu, dans l'ordre chronologique, de faits et de réflexions. N'écrivez alors qu'au recto, afin de pouvoir ajouter, par la suite, quelques compléments, et prévoyez un index des thèmes qui vous permettra de retrouver facilement les principales notions, ce qui exige aussi que vous numérotiez les pages.

Vous aurez toujours sur vous un petit carnet pour les prises de notes rapides à des moments où vous n'avez ni cahier ni dossier sous la main ; n'enregistrez qu'une seule information par page – fait, citation, idée – et seulement au recto. S'il y a lieu, vous pourrez détacher cette fiche (donc : carnet à spirales, à souche, ou à feuilles préperforées) pour la coller sur une feuille de plus grand format (montage d'après un thème).

La prise de notes ordinaires peut se faire sur des *demi-pages* (si possible une seule information par fiche), au recto, que vous étalerez sur votre table de travail pour préparer la rédaction d'un devoir ou d'un mémoire. Les feuilles entières doivent être utilisées pour stocker des informations déjà semi-traitées : synthèse de données recueillies sur les fiches ou bien collage de certaines de celles-ci sur les pages.

La formule du *classeur à feuilles perforées* combine les avantages du cahier et ceux des feuilles volantes sans en avoir les inconvénients ; il existe aussi dans le commerce des systèmes de reliure amovibles qui vous permettent d'enliasser facilement vos notes.

Fiches de papier ou de carton ?

Les fiches à partir desquelles vous explorez une bibliothèque ou qui servent de support à votre mémorisation sont en carton et prennent place dans des fichiers. Vous pouvez utiliser cette méthode pour tenir votre documentation personnelle si vous êtes engagé dans un travail à longue échéance, préparation d'une thèse par exemple. Pour des usages courants, il vaut mieux vous contenter de demi-feuilles de papier qui tiendront moins de place, n'exigeront pas que vous disposiez de boîtes spéciales, et vous coûteront moins cher que les fiches de carton. Il vous sera possible, également, de coller parfois ces fiches sur une feuille de format normal quand vous procéderez à certains regroupements ; cela vous évitera d'avoir à recopier l'information enregistrée (citation, notamment).
Si vous devez conserver un nombre important de demi-feuilles dans un dossier, vous pouvez les réunir dans une demi-chemise de même format que vos fiches, que vous fabriquerez vous-même et qui sera tenue fermée et serrée grâce à un trombone ou un élastique.

Agrafes, trombones ou coins ?

C'est un important débat, que vous ne pouvez éluder si vous souhaitez vous compliquer le moins possible la vie :
– Les *trombones* sont commodes mais ont le défaut de s'accrocher trop facilement les uns aux autres et, aussi, de rattacher à une liasse une feuille qui n'a rien à y faire.
– N'abusez pas des *agrafes* qui, plus fiables que les trombones, sont souvent difficiles à retirer.
– Le *coin* peut rendre service pour joindre ensemble un petit nombre de feuilles mais sa stabilité n'est pas assurée.
– Essayez les systèmes de *reliures amovibles* et de pinces disponibles dans le commerce.
Si vous n'avez sous la main aucun de ces précieux instruments, fabriquez, en attendant d'avoir réassorti votre stock, des mini-chemises à l'aide de feuilles pliées en deux.

■ *La préparation aux examens*

Plus l'examen approche et plus il est difficile d'échapper au stress et à la fatigue, à l'anxiété et au trac. Méfiez-vous, à cet égard, de certains « faux amis » comme le café, le tabac ou l'alcool. Soyez par contre fidèle à quelques principes élémentaires :

• Ne mangez pas n'importe quoi. Ayez une alimentation équilibrée et prenez, à heure fixe de préférence, des repas complets, votre journée devant commencer par un solide petit déjeuner riche en vitamines B1 et B6.

• Travaillez dans un lieu bien aéré, oxygénez-vous régulièrement et – pourquoi pas ? – faites des mouvements de gymnastique respiratoire.

• Ne réduisez pas votre temps de sommeil et pratiquez une activité sportive (laquelle active le fonctionnement des neurones et favorise la sécrétion d'endorphines), ne serait-ce que la marche à pied. Quand Montaigne était à court d'inspiration, il allait se promener à la campagne...

• Ne laissez rien au hasard. Optez pour une tenue dans laquelle vous vous sentez à l'aise, ni trop austère ni négligée. Le jour de l'épreuve, ne soyez pas en état d'hypoglycémie ! Vérifiez que votre stylo écrit bien et emportez avec vous des cartouches de rechange, du liquide correcteur, un crayon-bille, des surligneurs, une règle... Assurez-vous la veille que vous avez un ticket de métro (ou de l'essence dans votre véhicule), de la monnaie et une carte de téléphone afin de ne pas être pris au dépourvu en cas de problème sur le trajet (ça n'arrive pas qu'aux autres !).

• Stimulez votre mémoire auditive en vous enregistrant au magnétophone, en lisant vos notes à voix haute, en vous faisant interroger par un ami. Si vous êtes plutôt de type « visuel », faites des fiches avec des couleurs, des repères, des titres en grosses lettres.

■ *Les attentes des enseignants*

Dans son numéro de novembre 1993 (pp. 58-62), le mensuel *L'Étudiant* a posé à des professeurs d'histoire, de géographie, de lettres, de sociologie et de philosophie deux questions clés :

• Q_1 : Quels conseils donnez-vous à vos étudiants de première année ?

• Q_2 : Quelles sont les qualités requises pour réussir dans votre discipline ?

Les réponses apportées sont à méditer :

▶ HISTOIRE *(André Nouschi, université de Nice)*

Q_1 : En histoire, on ne peut pas se contenter d'à-peu-près. Il faut donc lire énormément, puis résumer ses connaissances sous forme de fiches que l'on classe au fur et à mesure dans des dossiers (...). De même, les notes prises en amphi doivent être rédigées proprement et uniquement au recto.

Q_2 : Il importe de posséder une bonne capacité de travail, d'avoir sans cesse la curiosité en éveil et, enfin, de maîtriser au moins une langue étrangère car les manuels français ne balaient pas tous les champs.

▶ GÉOGRAPHIE *(Patrick Pigeon, université de Metz)*

Q_1 : Le géographe fait appel à de nombreuses disciplines voisines comme l'histoire, la géologie, la botanique, le droit, l'économie (...). Il s'intéresse aux politiques d'aménagement, notamment pour évaluer leurs effets. Pour progresser, il est indispensable d'étudier très minutieusement les documents graphiques qui accompagnent les cours.

Q_2 : Il faut surtout une excellente acuité visuelle et une motivation à toute épreuve ! Autres atouts : manifester de l'intérêt pour la compréhension de l'espace terrestre et être attentif aux problèmes du monde contemporain.

▶ LETTRES *(Jean Rohou, université de Rennes II)*

Q_1 : Il ne suffit pas d'apprécier la littérature pour bien l'étudier. Étudier une œuvre veut dire analyser sa structure (combinaison de signifiants : personnages, événements, thèmes...), son style et savoir en déceler les enjeux. Lisez pour découvrir : si un ouvrage critique répète ce que vous savez déjà, refermez-le. Un Balzac, un Zola de plus ne vous apprendront rien, alors que certaines contributions plus contemporaines vous feront connaître des genres littéraires dont vous ne soupçonniez pas l'existence. Enfin, ne « subissez » pas : essayez toujours de comprendre et de prendre position, surtout lors des dissertations.

Q_2 : Un « bon » littéraire est un jouisseur des effets de langage : il savoure le style et le côté esthétique, affectif, spirituel, plus que le sens rationnel (...). Il apprend de belles pages par cœur, fait du théâtre et tente d'écrire. Il est actif et réfléchit à l'avance au sujet du cours.

▶ SOCIOLOGIE *(Gilles Ferréol, université de Lille I)*

Q_1 : Il convient de ne pas négliger des matières telles que les techniques quantitatives et le langage informatique, qui prennent de plus en plus de place dans la formation (...). Les aspects méthodologiques ainsi que l'histoire de la pensée apparaissent, en outre, essentiels.

Q_2 : L'étudiant doit être organisé et avoir l'esprit critique, s'adapter aux situations de terrain et passer beaucoup de temps en bibliothèque.

▶ PHILOSOPHIE *(Annick Charles-Saget, université de Paris X)*

Q_1 : En philo, ce qui compte c'est d'entrer en dialogue avec celui qui lit ou écoute. Il faut donc apprendre à s'exprimer clairement, à articuler son raisonnement.

Q_2 : Le questionnement est fondamental (...). On doit bien sûr lire, particulièrement en langue étrangère (...). Il s'agit de trouver sa propre voie et d'arriver à communiquer avec ses mots et son style.

2

Modalités de contrôle et d'évaluation

Les examens approchent et l'heure de vérité va bientôt sonner. Si vous avez suivi les cours et les TD assidûment, si vos révisions ont été faites sérieusement, vous pouvez envisager la suite des événements avec confiance. Quelques conseils, adaptés à la nature de chaque épreuve, vont vous être maintenant proposés afin que vous puissiez encore améliorer vos prestations.

Tout au long de l'année, vos connaissances et vos savoir-faire pourront être testés ou appréciés de différentes manières. En travaux dirigés, on vous demandera par exemple de réaliser une *enquête,* de constituer un *dossier de synthèse*, de rédiger des *comptes rendus* ou des *fiches de lecture* (*cf. supra*). Des *interrogations écrites* (une ou deux par trimestre, en moyenne) seront également au programme et vous serez amené, très fréquemment, à rendre des préparations : réponse à des *QCM, résumé* ou *commentaire* de textes... À la fin de chaque semestre, toujours dans le cadre du contrôle continu, une autre épreuve (que certains d'entre vous appréhendent ou jugent redoutable) vous attend : la *dissertation*, avec ou sans documents. Dernier obstacle : l'*oral.* Il vous faudra ainsi exposer en temps limité, après quelques minutes de réflexion, un thème donné.

Si vous avez suivi fidèlement les instructions précédentes concernant la prise de notes ou la recherche documentaire, vous êtes prêt à affronter les échéances avec de bonnes chances de succès. Alors, gardez le moral !

■

1. Le résumé et le commentaire

Excluant la citation, la paraphrase ou le verbiage, le *résumé* est un exercice à la fois de style (dire autrement) et de probité intellectuelle (ne pas trahir la pensée d'autrui), l'objectif étant non pas de réduire pour réduire mais d'éliminer l'accessoire pour ne retenir que l'essentiel.

Les candidats, fait-on remarquer dans les rapports de jury, sont invités à « montrer qu'ils savent réfléchir et qu'ils possèdent du jugement », la richesse du vocabulaire et les qualités d'expression entrant pour une large part dans l'appréciation des correcteurs. Ceux-ci peuvent être amenés à pénaliser ceux qui ne respectent pas le « cahier des charges » : sachez que la marge de tolérance est assez limitée, 10 % en plus ou en moins.

En d'autres termes, soyez clair, fidèle et concis. Pour cela, il vous faut :

- *lire l'extrait*, d'une longueur comprise habituellement entre 1 500 et 5 000 unités typographiques, *avec un « œil panoramique » puis, dans un second temps, avec plus d'attention* tout en ayant le souci de ne rien omettre d'important ;
- *cocher dans la marge les passages qui vous semblent les plus fondamentaux*, mettre en évidence (paragraphe par paragraphe) les idées forces et les termes clés, souligner liaisons et transitions ;
- *ordonner les indications recueillies sous forme de plan ;*
- *rédiger avec soin, en maîtrisant syntaxe, orthographe, accentuation et ponctuation.*

Parmi les principales erreurs à ne pas commettre, signalons une mauvaise mise en page, la présence de jugements personnels ou de digressions, de contresens ou d'impropriétés, d'allusions ou de sous-entendus.

Le *commentaire*, de son côté, élargit le champ de la réflexion et laisse place à davantage d'implication. Dans cette optique, il est conseillé :

- de bien « situer » l'auteur : éléments de biographie, appartenance théorique, influence au sein des courants de pensée ;
- de numéroter les lignes de cinq en cinq (ou de dix en dix) ;
- d'être sélectif et de dégager la problématique ;

• de mettre en exergue les types de formulation et d'argumentation ;

• d'examiner la cohérence et la pertinence des points de vue défendus : n'y a-t-il pas d'autres manières de raisonner ? Quel crédit accorder à tel ou tel jugement ? Les paradigmes utilisés bénéficient-ils d'un large consensus ?

Pour vous aider dans votre démarche, prenez appui sur une grille d'analyse regroupant constat empirique, concepts explicites ou implicites, idées sous-jacentes, thèse et fil conducteur :

Séquence type / Paragraphe	Informations recueillies	Concepts explicites ou implicites	Idées sous-jacentes	Thèse(s) défendue(s)	Fil conducteur
N° 1					
N° 2					
…					
N° X					
	Souligner les points essentiels	Défini les termes clés	Mettre en évidence les corrélats et les présupposés	Expliciter le cadre théorique	Problématiser et indiquer la progression du raisonnement

2. Lecture de tableaux et interprétation de données quantitatives

Les techniques dites quantitatives constituent un outil de premier ordre pour tous ceux qui, au sein des sciences sociales comme dans d'autres champs cognitifs, doivent produire des synthèses chiffrées, interpréter des données numériques, maîtriser des savoir-faire ou effectuer un travail de terrain ou de laboratoire, qu'il s'agisse d'enquêtes ou de sondages.

Soit le tableau suivant, extrait d'*INSEE Première*, n° 200, mai 1992, p. 2 :

Années / Structure des ménages	1982		1990	
	Effectifs (en milliers)	**%**	**Effectifs (en milliers)**	**%**
Ensemble	**19 591**	**100,0**	**21 521**	**100,0**
Une personne vivant seule	**4 817**	**24,6**	**5 826**	**27,1**
Homme seul	1 666	8,5	2 159	10,0
Femme seule	3 151	16,1	3 667	17,0
Famille principale monoparentale comprenant au moins un enfant de moins de 25 ans	**847**	**4,3**	**1 139**	**5,3**
Homme + enfant(s)	123	0,6	155	0,7
Femme + enfant(s)	724	3,7	984	4,6
Famille principale couple	**13 120**	**67,0**	**13 690**	**3,6**
sans enfant de moins de 25 ans	5 339	27,3	5 419	25,2
avec enfant de moins de 25 ans	7 781	39,7	8 271	38,4
Autre cas	**807**	**4,1**	**866**	**4,0**
Taille moyenne des ménages	**2,71**		**2,57**	

Afin d'obtenir le maximum d'informations à partir de ces données, vous pouvez vous inspirer du protocole ci-dessous (G. Ferréol, sous la dir. de, *Dictionnaire des techniques quantitatives appliquées aux sciences économiques et sociales*, Paris, A. Colin, 1995, p. 343) :

TITRE	• Libellé exact : ... • Autre formulation possible : ... • Objet d'étude : ...
SOURCE	• Auteur(s), organisme(s) : ... • Ouvrage, périodique, rapport de recherche : ... • Date de parution et indication de la pagination : ... • Cette publication est-elle au centre de documentation ? ... • L'ai-je déjà consultée ? À quelle occasion ? ...
MÉTHODOLOGIE	• Comment ont été recueillies ces informations ? ... • Par qui ? ... • Sont-elles fiables ? Quelle valeur leur accorder ? ... • Quelle nomenclature est ici retenue ? ... • Que recouvre l'appellation « Structure des ménages » ? ...
CONTENU	• Unités utilisées pour les effectifs ? ... • Signification de certains mots (« monoparentale », par exemple) et de certaines rubriques (« famille principale couple », notamment) ...
LECTURE (mise en évidence d'un constat à partir duquel on pourra argumenter)	• Par lignes : ... • Par colonnes : ... • Comparaison des lignes (puis des colonnes) entre elles : ... • Calcul des taux d'évolution, globalement, puis rubrique par rubrique : ... • Recherche de corrélations éventuelles : ...
PRINCIPAUX ENSEIGNEMENTS	• Éléments d'interprétation : ... • Notions clés : ... • Problématique associée : ... • Question complémentaire : cette évolution va-t-elle se poursuivre ? ... • Autre interrogation possible : une telle situation est-elle propre à la France ? ...

Par ailleurs, il serait dommage (à vrai dire impardonnable !) :

- de *comparer ce qui n'est pas comparable* (la part des femmes dans la population active n'équivaut pas au taux d'activité féminin) ;
- de *traduire des évolutions relatives en valeur absolue* (dire qu'entre deux dates, « la production d'orge est à l'indice 110 pour les États-Unis et 129 pour la France » ne signifie pas que cette production est plus importante dans l'Hexagone) ;
- de *compenser une baisse par une hausse équivalente* ;
- d'*oublier les périodes de référence* (une année choisie comme base, 1968 ou 1973, peut être le théâtre d'événements particuliers) ;
- de *confondre variations conjoncturelles et tendances lourdes ;*
- de *se désintéresser du choix des échelles et des unités* ;
- d'*ignorer les légendes.*

Lors des cours de mathématiques et de statistiques qui vous seront dispensés, vous apprendrez à « désaisonnaliser » une série chronologique, à calculer indices, coefficients et autres caractéristiques (mode, moyenne, variance, fractiles, médiane...). Tôt ou tard, les noms de Gauss, de Gini, de Laspeyres ou de Lorenz devraient vous être familiers.

Vous serez aussi sensibilisé à la *méthodologie des enquêtes*, l'*interview* pouvant être plus ou moins directive selon que l'on cherche à contrôler, à vérifier, à approfondir ou à explorer une situation ou un domaine donné. Un certain nombre de conditions doivent être, dès lors, réunies : établissement d'un climat de confiance, accessibilité du langage, motivation du répondant... De temps à autre, des « relances » peuvent s'avérer judicieuses, comme le procédé du « miroir » ou de l'« écho » : répéter un mot ou une expression est ainsi très souvent considéré comme une invitation à poursuivre l'idée exprimée. Il est en outre possible de faire appel à des « contre-exemples », d'évoquer des arguments d'autorité ou de feindre l'ignorance (technique dite de l'« incompréhension volontaire »). Là encore, des distorsions liées au conditionnement verbal ou à des effets de prestige, de halo ou de conformisme peuvent se produire.

Même remarque en ce qui concerne la passation des *questionnaires* : les négations, les ambiguïtés, les termes trop abstraits ou à double sens peuvent poser problème et entraîner confusions ou incompréhensions.

Quelle que soit l'option retenue (formulation ouverte : « Comment voyez-vous votre avenir ? », fermée : « Avez-vous été au Parc Astrid hier après-midi ? », alternative : « En octobre, resterez-vous chez vos amis lillois ou irez-vous à Poitiers ? », projective : « Si vous obteniez une année de congé sabbatique, que feriez-vous ? »...), des précautions s'imposent, d'autant que « la qualité d'un tweed, la forme d'un col de chemise, le frisottement d'un poil de moustache peuvent devenir des signaux de reconnaissance très sophistiqués et marquer le pouvoir, le statut, la fonction ou l'intention » (A. Guittet, *L'Entretien*, Paris, A. Colin, 1983, p. 18).

Tous ces éléments s'intègrent dans une « chaîne statistique » très complexe, codeurs, programmeurs et médias intervenant lors du chiffrement, de l'exploitation des fichiers et de la diffusion des résultats :

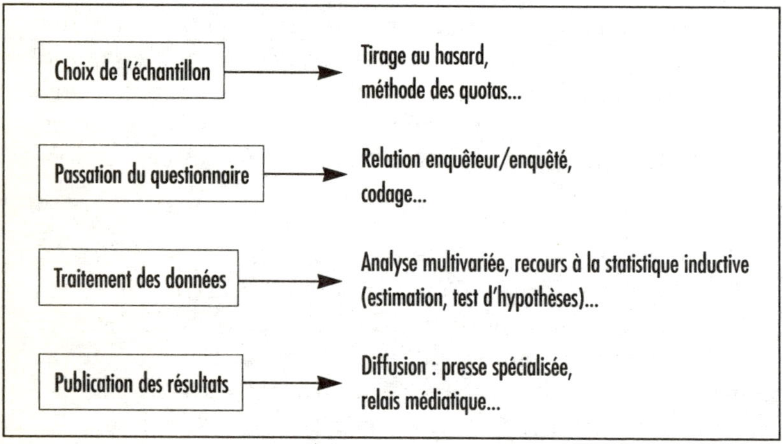

La relation émetteur/récepteur occupe, dans ce dispositif, une place de choix. Reprenons, sous cet angle, les interrogations classiques de Lasswell, Berelson ou Forster :

- *Qui parle ?* (identification et personnalité des acteurs) ;
- *Pour dire quoi ?* (type de message : explicite/implicite, représentatif/instrumental, informatif/ démonstratif...).
- *Par quel moyen ?* (nature de l'argumentation, ton et style adoptés).
- *À qui ?* (public visé, « cible » privilégiée).

- *Avec quel effet ?* (impact escompté, réception et audience, conséquences directes ou indirectes).
- *Dans quelles circonstances ?* (pays, époque, milieu social).

Chaque communication, écrite ou orale, renvoie à des significations plus ou moins immédiates et son contenu, latent ou manifeste, peut être perçu de manière thématique, formelle ou structurale :

Niveaux de réflexion	Principales caractéristiques	Objectifs	Auteurs de référence
Thématique	Catégories	Calcul et comparaison des fréquences de certaines caractéristiques	B. Berelson
	Évaluation	Examen des jugements formulés par le locuteur	C.E. Osgood *et alii*
Formel	Expression	Analyse des signifiants et de leur organisation	N. Chomsky Z.S. Harris
	Énonciation	Étude des processus discursifs (« actes de parole »)	J. Austin J. Searle
Structural	Co-occurrence	Recherche d'associations entre items	A. Greimas
	Modélisation	Mise en évidence de l'« ordre caché » du discours	C. Lévi-Strauss R. Barthes

Ajoutons que ces investigations sont non seulement descriptives mais inférentielles, et que la quantification est basée sur des unités de *dénombrement* (sémantique ou linguistique), de *numération* (arithmétique ou géométrique) et de *contexte* (local ou global). Quant aux *catégories*, elles répondent aux critères d'exhaustivité et d'exclusivité, de fidélité et de validité. N'omettons pas enfin, en raison de leur importance stratégique, les silences, les hésitations, les lapsus ou les emphases.

3. Le dossier de TD

En TD, et selon une périodicité variable, des documents de travail vous seront remis. Vous devrez les étudier soigneusement, répondre aux questions posées et rendre vos préparations la semaine suivante. Chaque dossier peut comprendre comptes rendus, fiches de lecture, commentaires de textes, recherches bibliographiques... Autant de « productions » auxquelles vous êtes maintenant habitué !

Prenons le thème du *suicide*. Une séance lui est consacrée, l'évaluation reposant sur divers supports. Tout d'abord, un *QCM* :

1. É. Durkheim a écrit son ouvrage sur le suicide en : 1895..., 1897..., 1901..., 1912...

2. L'apathie et l'absence d'attachement à la vie caractérisent le suicide altruiste : vrai..., faux...

3. Par rapport aux hommes, les femmes se suicident : davantage..., moins...

4. De nos jours encore, « la misère protège » : vrai... faux...

5. Le mariage constitue un facteur d'aggravation : vrai..., faux...

Réponses : 1. 1897 ; 2. Faux ; 3. Moins ; 4. Faux ; 5. Faux.

En second lieu, vous est proposé un *exercice à trous* (seules quelques lignes sont reprises) :

La variable fondamentale n'est autre que le degré d'... ou (de ... sociale). Plus les liens de ... se renforcent, plus les individus sont ... : lorsque, au contraire, l'attachement au groupe cède la place à des attitudes de ... ou de désengagement, le passage à l'acte devient plus fréquent (coefficient d'...). D'où la célèbre typologie : .../altruisme/...

Réponses (à replacer à bon escient) : aggravation, égoïsme, repli, anomie, solidarité, intégration, préservés, cohésion.

Il vous est ensuite demandé, en vous référant à différents textes (non reproduits ici), d'exposer en une ou deux pages la thèse durkheimienne. Votre *analyse* doit prendre en compte :

• La *définition du phénomène :* « Tout cas de mort qui résulte directement ou indirectement d'un acte positif ou négatif accompli par la victime elle-même et que celle-ci savait devoir produire ce résultat. » Plusieurs illustrations peuvent en être données : l'amoureux (ou le candidat !) désespéré, le banquier ruiné, les « morts volontaires » entourés d'une auréole d'héroïsme ou de gloire (songeons au martyr ou au samouraï).

• La *réfutation des interprétations antérieures*, en particulier celles des cliniciens et des psychologues. Ces derniers font état de « prédispositions » ou parlent, comme Tarde, d'« imitation », « acte qui a pour antécédent immédiat la représentation d'un acte semblable, antérieurement accompli par autrui, sans que, entre cette représentation et l'exécution, ne s'intercale aucune opération intellectuelle, explicite ou implicite, portant sur les caractères intrinsèques de l'acte reproduit ». À l'aide de la méthode des variations concomitantes, Durkheim critique sévèrement cette approche : « Si les suicides étaient dus à la contagion, on devrait pouvoir suivre sur une carte leur diffusion à partir d'un épicentre ; or, il n'en est rien... ».

• La *construction d'une typologie*. Trois variantes sont distinguées : égoïste, altruiste et anomique (nous laissons de côté la modalité « fataliste »). La première survient lorsque les cadres intégrateurs font défaut, d'où un état d'apathie et une absence d'attachement à la vie. La seconde concerne les « excessifs de l'altruisme », lesquels agissent alors avec énergie et passion. La troisième attitude fait intervenir une autre variable : la conjoncture économique. Les périodes de prospérité créent une disproportion entre aspirations et satisfactions. Conséquence : un sentiment d'irritation et de dégoût. Les principales corrélations font valoir que le taux de suicide est plus important chez les hommes que chez les femmes, à Paris qu'en province, pour les célibataires et les veufs que pour les gens mariés, le passage à l'acte intervenant plus souvent de jour que de nuit, davantage au printemps et en été qu'en automne ou en hiver... En outre, le phénomène croît fortement avec l'âge, les jeunes étant les plus épargnés. Notons également la présence de coefficients de préservation (« La misère protège ») ou d'aggravation (le protestant par rapport au catholique).

• La *formulation de la thèse*. Chaque suicidé pense n'obéir qu'à lui-même alors qu'il est le jouet de forces collectives : « Si, au lieu de n'y voir que des événements particuliers, isolés les uns des autres, et qui demandent à être examinés chacun à part, on considère l'ensemble des suicides commis dans une société pendant une unité de temps déterminée, on constate que le total ainsi obtenu constitue par lui-même un fait nouveau et *sui generis* qui a son unité et son individualité. » Pour éviter que le « normal » ne devienne « pathologique » au-delà d'un certain seuil, il est préconisé le renforcement des structures familiales et le développement de « corporations » (langage moderne : professions). Conclusion : l'homme a besoin d'être discipliné par une force supérieure, autoritaire et aimable (c'est-à-dire d'être aimée) ; cette force qui à la fois s'impose et attire ne peut être que la société elle-même.

Dernière partie du devoir : l'*examen critique* de la problématique durkheimienne. À cet effet, quelques tableaux statistiques sont joints. L'un d'entre eux est extrait d'une publication de l'INSEE :

TAUX DE SUICIDE SELON LE SEXE, L'ÂGE ET LA TAILLE DE L'AGGLOMÉRATION, 1981-1982

Taux pour 100 000	Hommes						Femmes[1]	
	15-24 ans	25-34 ans	35-44 ans	45-54 ans	55-64 ans	65 ans et+	55-64 ans	65 ans et+
Communes rurales	20 (14)[2]	37 (24)	41 (34)	61 (54)	63 (54)	113 (86)	24 (23)	45 (37)
Moins de 10 000 habitants	16 (15)	35 (20)	41 (33)	47 (44)	54 (49)	97 (82)	23 (14)	42 (26)
De 10 000 à 50 000 habitants	20 (13)	33 (19)	39 (32)	47 (43)	45 (48)	91 (74)	23 (16)	39 (30)
De 50 000 à 100 000 habitants	17 (12)	37 (21)	39 (33)	40 (44)	42 (35)	98 (82)	17 (16)	44 (33)
Au-dessus de 100 000 habitants	17 (16)	36 (19)	40 (27)	43 (33)	43 (41)	84 (72)	19 (18)	38 (28)
Paris	12 (11)	26 (18)	22 (21)	27 (19)	27 (28)	54 (45)	11 (18)	32 (28)

1. En dessous d'un certain âge, le suicide féminin est exceptionnel. C'est seulement vers 55 ans que les femmes ont un taux de suicide comparable à celui des adolescents masculins.

2. Entre parenthèses, les chiffres de 1975.

Dans votre discussion, trois points méritent attention :

• La *valeur des sources disponibles.* Quelle définition retenir : celle du sens commun, du sociologue, du médecin... ? Dans quelle mesure les « tentatives » sont-elles comptabilisées ? Comment faire la part entre l'« appel au secours » et l'intention de mort véritable ?

• La *validité des corrélations* : la plupart des observations sont toujours d'actualité, qu'il s'agisse de l'âge, du sexe, de la religion, des saisons, de la situation matrimoniale. Seules dérogent deux variables : la localisation géographique (les « gens de la terre », étant marginalisés, se sentent exclus du mode de vie dominant) et la catégorie socioprofessionnelle (ce sont aujourd'hui les salariés agricoles – et non les cadres supérieurs – qui sont les plus exposés).

• La *pertinence de certaines interprétations.* Ainsi, le « différentiel des taux de suicide » entre protestants et catholiques s'explique-t-il uniquement par un facteur religieux (le calvinisme accordant une place plus importante au « libre arbitre ») ? Ne doit-on pas aussi, suivant en cela une suggestion de Halbwachs, prendre en considération la spécificité des modes d'habitat (répartition citoyens/ruraux) ? Est-il, d'autre part, judicieux d'invoquer les « instincts » pour expliquer que le divorce pousse davantage les hommes au désespoir ? De même, se référer à un « courant suicidogène » n'est pas dépourvu d'ambiguïtés.

On retiendra donc de cette étude que « quelque chose dans le suicide dépend bien, de manière singulière et intelligible, des grandeurs qui caractérisent la société », le concept d'intégration conservant toute sa force opératoire.

4. La dissertation

Ce n'est pas une épreuve pour dilettantes, une sorte d'improvisation où s'étaleraient, sans règles reconnues, au gré de l'imagination et des penchants affectifs du rédacteur, les souvenirs épars de lectures et de notes de cours. C'est au contraire un devoir personnel répondant à des critères très précis, et un travail de raisonnement et de synthèse bien construit.

Dans une brève *introduction*, dépouillée d'effets littéraires, l'étudiant informe le correcteur non pas de l'existence du sujet (celui-ci est déjà connu !) mais de la façon dont il entend poser le problème pour le résoudre. Le *développement*, en deux ou trois parties, expose les grandes lignes de l'argumentation. Vos résultats sont repris dans la conclusion.

Exprimez-vous franchement et sans détour. Ne croyez pas, en effet, que vous devez vous plier à une quelconque orthodoxie doctrinale. Vous n'avez pas non plus à dissimuler votre point de vue et à vous abriter derrière des citations, un langage abscons ou sibyllin. Toutefois, être soi-même ne signifie pas faire preuve de sectarisme : l'affirmation, sur un ton péremptoire, d'opinions très tranchées risque d'indisposer.

Un soin particulier doit être apporté à la présentation matérielle, le découpage des paragraphes répondant à l'articulation du raisonnement. Soyez, de plus, attentif au style et à la mise en forme.

Pour obtenir un bon résultat, il vous faut :

• *comprendre le sujet* : tous les mots ont leur importance, même ceux qui peuvent vous sembler anodins, en particulier les conjonctions disjonctives (« ou ») et de coordination (« et »). Relisez plusieurs fois le libellé afin d'éviter les contresens. *Nation*, vous le savez, n'a pas la même signification que *peuple*, *territoire* ou *État* ;

• *rechercher des idées directrices*, *ordonner vos connaissances* et *formuler une problématique*. Procédez par associations, recoupements ou oppositions et ne négligez aucune piste : notions clés, références à des courants de pensée, études de cas, données quantitatives ;

• *construire un plan adéquat* en veillant à la parfaite cohérence des enchaînements et en s'assurant que les éléments retenus se succèdent selon un ordre logique : les principes précédant les conséquences, les effets suivant les causes, le secondaire découlant de l'essentiel. Si vos transitions s'imposent d'elles-mêmes, c'est bon signe et il y a de fortes chances pour que la structuration que vous venez d'élaborer soit jugée satisfaisante. Ne vous fatiguez pas à bâtir une façade en trompe l'œil à l'aide de fausses fenêtres : votre professeur ne sera pas dupe ! Un tel cadre ne constitue en aucune manière un « lit de Procuste » destiné à accueillir une réalité plus ou moins récalcitrante au prix d'artifices de construction, voire d'une certaine malhonnêteté intellectuelle. Ce n'est que l'aboutissement de votre effort d'investigation :

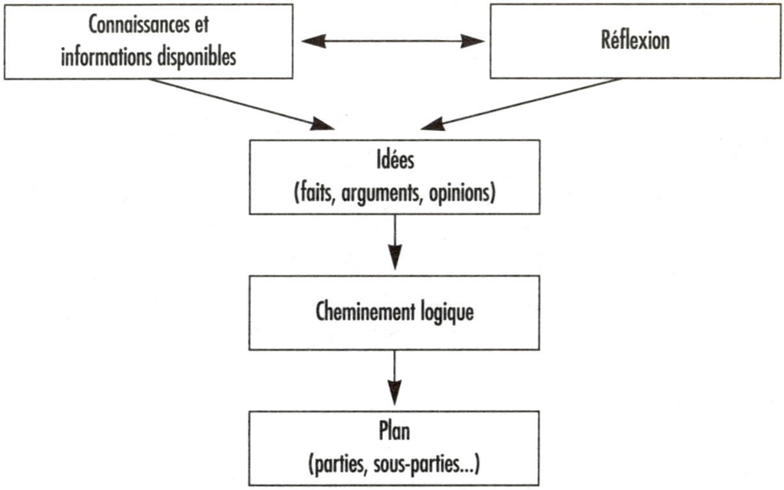

Précisons qu'en fonction des libellés plusieurs structurations sont envisageables, les deux principales faisant appel à des modalités dites « dialectiques » ou « progressives » :

Type de plan	Caractéristiques
Dialectique	• Thèse (présentation d'un modèle explicatif) • Antithèse (critique ou réfutation de la construction précédente) • Synthèse (proposition de dépassement)
Progressif	• Faits et questionnements (contexte spatio-temporel, problématisation) • Analyse (mécanismes, facteurs, conséquences)

Il ne vous reste plus qu'à rédiger, ce qui n'est sans doute pas la tâche la plus aisée. En ce qui concerne l'introduction, exprimez tout d'abord en une ou deux phrases votre conception globale du sujet, c'est-à-dire l'angle sous lequel vous vous proposez d'en faire l'étude. Puis, après avoir mis en évidence votre problématique, annoncez (en le justifiant) le plan retenu. Vous mettrez ainsi votre lecteur en appétit ! Le développement, pour sa part, s'attachera à faire ressortir le cheminement de votre pensée, chaque partie comprenant deux ou trois subdivisions de même valeur et de même intérêt. Quant à la conclusion, prenez vos précautions : vous ne devez pas vous contenter d'un simple résumé mais apporter une réponse ferme et argumentée à la question posée.

Donnons à présent quelques conseils sur la forme :

• *Votre copie doit être, cela va de soi, propre et lisible.* À cet égard, formez bien vos lettres et soignez votre écriture autant que vous le pouvez. Évitez ratures, grattages et taches d'encre. Bannissez systématiquement l'emploi des abréviations : notez « États-Unis » et non « U.S. », « gouvernement » et non « gouv. », « population » et non « pop. »...

• *Surveillez attentivement la ponctuation, l'accentuation des mots et l'orthographe :* une ou deux fautes d'étourderie peuvent être excusées, la méconnaissance délibérée des règles d'accord ne le sera pas.

• *Allez à la ligne chaque fois que cela est nécessaire mais ne poussez pas jusqu'à l'absurde :* une dissertation composée d'une succession de paragraphes de quatre ou cinq lignes ne peut produire qu'une fâcheuse impression. *Idem* pour toute signalisation du type : A, B, C ; a, b, c ; I, II, III ; 1, 2, 3... Ne soulignez à la règle aucun terme, même si certains substantifs vous paraissent importants, et interdisez-vous majuscules ornées, traits en dégradés, titres ou notes de bas de page.

• *Privilégiez précision et sobriété.* Méfiez-vous des images et des stéréotypes, des métaphores journalistiques et des clichés du sens commun. Chassez les répétitions, les expressions argotiques, les tournures alambiquées et autres galimatias aussi prétentieux qu'indigestes. Faites preuve, en revanche, de mesure et de pondération, en ayant présent à l'esprit qu'« il faut nettoyer son style, le vanner, le cribler, le passer au tamis, lui ôter la paille, le clarifier, le pétrir, le durcir jusqu'à ce qu'il n'y ait plus de copeaux, que la fonte soit sans bavure, et qu'on ait rejeté toutes les scories du métal. Lisez Pascal, La Bruyère, Montesquieu : on ne peut ôter un mot à leurs phrases. Tant que vous n'arriverez pas à cet état figé, solide, indestructible, vous ne serez pas au point » (A. Albalat, *L'Art d'écrire enseigné en vingt leçons,* Paris, A. Colin, 1992, p. 92, 1re éd. 1899).

Rappelons enfin que lors des sessions d'examen, les compositions doivent être couvertes par l'anonymat et qu'il est strictement interdit de signer sa copie ou d'y mettre un signe quelconque de reconnaissance (sous peine d'annulation du devoir).

Avant de consulter les annales et de traiter certains sujets, vérifiez votre maîtrise de la langue française :

Ne confondez pas

- Abhorrer et adorer
- Abjurer et adjurer
- Acceptation et acception
- Adhérence et adhésion
- Agonir et agoniser
- Ampleur et amplitude
- Anoblir et ennoblir
- Appas et appât
- Avarie et avatar
- Bailler et bâiller
- Ban et banc
- Blanchiment et blanchissage
- Cahot et chaos
- Censé et sensé
- Cession et session
- Collision et collusion
- Colorer et colorier
- Compromis et compromission
- Conjecture et conjoncture
- Décade et décennie
- Démystifier et démythifier
- Désaffectation et désaffection
- Détoner et détonner
- Différend et différent
- Éminent et imminent
- Errement et erreur
- Exaucer et exhausser
- Fond et fonds
- Homonyme et homophone
- Impudent et impudique
- Inclinaison et inclination
- Ingéniosité et ingénuité
- Justesse et justice
- Marocain et maroquin
- Méritant et méritoire
- Notable et notoire
- Paronyme et patronyme
- Pause et pose
- Percepteur et précepteur
- Perpétrer et perpétuer
- Plain et plein
- Plus tôt et plutôt
- Prolongation et prolongement
- Publiciste et publicitaire
- Quelque et quel que
- Quoique et quoi que
- Rabattre et rebattre
- Raisonner et résonner
- Recouvrer et recouvrir
- Satire et satyre
- Sceptique et septique
- Simuler et stimuler
- Somptueux et somptuaire
- Statue et statut
- Subi et subit
- Suggestion et sujétion
- Teinter et tinter
- Tribu et tribut
- Urbanisme et urbanité

Les fautes d'orthographe les plus courantes

Non pas	Mais
Apeller	Appeler
Asujetir	Assujettir
Boulversement	Bouleversement
C'est à dire	C'est-à-dire
Criticable	Critiquable
Dilemne	Dilemme
Expension	Expansion
Extansion	Extension
Hormie	Hormis
Interpeler	Interpeller
Notament	Notamment
Parmis	Parmi
Rationnalité	Rationalité
Pratiquable	Praticable
Susurer	Susurrer
Vis à vis	Vis-à-vis

Écrivez correctement

Non pas	Mais
Car en effet	Car (ou : en effet)
Malgré que	Bien que
Pallier à	Pallier
Puis ensuite	Puis (ou : ensuite)
Se baser sur	Se fonder sur
C'est tout ce qu'il a besoin	C'est tout ce dont il a besoin
Faute de ne pas avoir allumé ses phares, sa voiture a heurté le talus	Faute d'avoir allumé ses phares, il a heurté le talus
Gardez-vous de ne pas glisser	Gardez-vous de glisser
Je l'ai lu sur le journal	Je l'ai lu dans le journal
Je le fais sans que cela ne me coûte	Je le fais sans que cela me coûte
Il est allé au dentiste	Il est allé chez le dentiste
Il faut savoir reconnaître et tirer parti de ses erreurs	Il faut savoir reconnaître ses erreurs et en tirer parti
On n'aime pas qu'on nous critique	On n'aime pas être critiqué (ou : Nous n'aimons pas être critiqués)
Présenter un examen	Se présenter à un examen
Solutionner un problème	Résoudre un problème

Le casse-tête des verbes pronominaux

Verbes spécifiquement pronominaux : l'accord du participe passé se fait avec le sujet. Exemple : Elles se sont méprises sur nos intentions ; elles se sont efforcées de lui donner satisfaction. Une exception : s'arroger. On écrira ainsi : Ils se sont arrogé ce droit.

Verbes pronominaux de sens non réfléchi. Même règle que précédemment. Elle s'est aperçue de la méprise ; ils se sont servis de la machine à écrire. Se plaire et se rire de sont cependant des cas particuliers : Ils se sont plu à Brest ; elles se sont ri des difficultés.

Verbes pronominaux réfléchis (s'accuser, se laver, se regarder...) *ou réciproques* (se suffire, se succéder, s'entraider...). Il y a accord lorsque le pronom est complément d'objet direct. Illustration : Ils se sont assurés contre l'incendie ; ils se sont assuré une heureuse vieillesse.

QUELQUES RELATIONS LOGIQUES

(*Source* : d'après É. Ravoux Rallo, *Réussir le DEUG de Lettres modernes*, Paris, A. Colin, 1992, pp. 175-176)

	Conjonctions et adverbes de coordination	Prépositions et conjonctions de subordination	Exemples de verbes ou de locutions
ANALOGIE	C'est-à-dire, par exemple, de plus, de même...	Ainsi que, tel que, plus encore...	À ceci s'ajoute que, est compatible avec..
DISJONCTION	Ou, soit, ni...	Hormis, à moins que, sauf si...	Diffère de...
OPPOSITION	Mais...	En revanche, bien que...	Est contraire à, va à l'encontre de...
CAUSE	Car, en effet, effectivement...	Parce que, attendu que, puisque...	Le motif en est que...
CONSÉQUENCE	Par conséquent, par suite...	De sorte que, de façon que...	Résulte de, consécutif à, s'ensuivre...

Prenons maintenant connaissance de sujets sur lesquels ont « planché » certains de vos camarades. Regroupons-les par disciplines :

■ SOCIOLOGIE

– *Les grands auteurs et les courants de pensée* : « Sur quels points Durkheim et Weber s'opposent-ils ? », « Tradition française et tradition anglo-saxonne sont-elles compatibles ? » ;

– *Stratification et hiérarchies* : « Les cadres forment-ils une catégorie homogène ? », « Peut-on encore parler de classe ouvrière dans les sociétés occidentales contemporaines ? » ;

– *Famille et processus de socialisation* : « Y a-t-il une fragilisation du couple ? », « Dans quelle mesure peut-on parler d'une crise de l'institution familiale ? » ;

– *Culture et éducation* : « La démocratisation de l'enseignement a-t-elle tenu ses promesses ? » ; « Milieu d'origine et réussite scolaire » ;

– *Action collective et changement social* : « Les groupes de pression participent-ils à l'expression de la démocratie ? », « La place du conflit dans les analyses sociologiques contemporaines »...

■ ÉCONOMIE

– *La monnaie* : « La France est-elle encore une économie d'endettement ? », « La politique monétaire : objectifs et instruments » ;

– *Les relations internationales* : « Les principaux soldes de la balance des paiements et leur signification », « Compétitivité et contrainte extérieure » ;

– *Travail et emploi* : « Chômage classique et chômage keynésien » ; « Flexibilité et gestion des ressources humaines » ;

– *Macroéconomie* : « La courbe de Phillips : quels enseignements ? », « Quelle est l'influence du taux d'intérêt sur le montant de l'épargne ? »...

■ HISTOIRE

– *Histoire ancienne* : « Rome et les monarchies hellénistiques au IIe siècle av. J.-C. », « Les cités de Grèce et d'Italie au temps de la prédication de Paul » ;

– *Histoire médiévale* : « La noblesse aux deux derniers siècles du Moyen Âge. Ordre en expansion ou en déclin ? », « L'essor agricole des XIe-XIIe siècles dans les pays européens riverains du bassin occidental de la Méditerranée » ;

– *Histoire moderne* : « Le bilan de l'œuvre politique, économique et sociale de la Constituante », « Les Français et la maîtrise de leur espace de 1715 à 1788 (domaine colonial exclu) » ;

– *Histoire contemporaine* : « La gauche en France de 1945 à 1995 », « L'année 1956 en Afrique »...

■ PHILOSOPHIE

– *Épistémologie* : « Le débat explication/compréhension est-il toujours d'actualité » ?, « L'objectivité dans les sciences sociales » ;

– *Métaphysique* : « Peut-on dépasser l'ontologie sans renoncer pour autant à l'être ? », « La notion de substance, d'Aristote à Descartes » ;

– *Langage et connaissance* : « La forme et le sens », « Catégories et raison » ;

– *Éthique et politique* : « Qu'est-ce qu'une société juste ? », « Morale et responsabilité »...

Poursuivons, conformément à une tradition bien établie, par une note « souriante » ayant trait aux meilleures « perles » des différentes sessions. Il ne s'agit aucunement – ne vous méprenez pas ! – de se moquer des candidats mais de les inciter à se préparer sérieusement et méthodiquement :

• **Sujet n° I** : « *La mobilité sociale dans la France contemporaine : principales caractéristiques et éléments d'interprétation* » (CAPES de sciences économiques et sociales, 1990) : « C'est volontairement en quelque sorte que l'on n'échapperait pas à sa condition en général : il est évident que cette explication doit être considérée avec beaucoup de prudence » ; « La société bouge de la façon suivante : de haut en bas, et vice-versa » ; « Dans les hôpitaux, les infirmières n'ont que les médecins au-dessus d'elles, ce qui explique peut-être leur frustration » ; « Si le proverbe : "Je préfère ma soeur à ma cousine" est discutable en matière de races, il est au contraire très pertinent dans les rapports entre PCS » ; « Les enfants de classe supérieure étudient l'anglais et l'allemand, parlés par les pays les plus puissants ; les enfants les plus défavorisés se contentent d'étudier l'espagnol, langue des pays sous-développés » ; « On constate chez les agriculteurs une baisse de leur reproduction car ceux-ci ne peuvent à eux seuls satisfaire leurs besoins » ; « Quelquefois l'esprit de caste est plus fort que l'esprit de classe et la pharmacienne épousera plus volontiers le sous-officier de Saint-Cyr que le boucher, dont la blouse est pleine de sang, mais qui appartient à la même classe qu'elle » ; « Pourtant, Pareto soutient que les élites ne doivent pas se reproduire car au fur et à mesure celles-ci deviennent incompétentes » ; « Dans les *Règles de la méthode*, Durkheim disait que l'homme subissait les contraintes parce qu'elles lui étaient imposées » ; « Les industriels au XIXe siècle attendaient les enfants d'ouvriers à la sortie des écoles »...

• **Sujet n° II** : *« Statut et place de la femme dans la société française contemporaine »* (CAPES de sciences économiques et sociales, 1991). « En 1991, une fille vierge s'est fait mettre enceinte par un tube à l'essai » ; « Les femmes seront l'égal de l'homme lorsqu'elles accepteront d'être chauves et de trouver ça distingué : lorsqu'il dit cela, l'humoriste raisonne au second degré » ; « On peut imaginer que les attributs culturels masculins tomberont bientôt comme ce fut le cas pour le port du pantalon » ; « Dans la société urbaine mercantilisée, la traite des blanches a remplacé la traite des vaches, si l'on peut dire » ; « Aujourd'hui, il y a plus d'étudiantes que d'étudiants, ce qui implique que l'accès à l'Université est devenu plus facile » ; « La femme a-t-elle été libéralisée ou communautarisée ? Nous touchons là le cœur du débat » ; « La conception d'un enfant n'est pas uniquement le fait de la future mère » ; « Les parents bardent, hélas, leurs progénitures de certitudes, en les castrant avec des interdits » ; « La famille monoparentale empêche les enfants de choisir leur sexe quand ils grandissent »...

Certains passages, avouons-le, laissent les correcteurs très perplexes : « Le taux de fertilité, c'est quand une femme est enceinte ; le taux de fécondité, c'est quand cette même femme peut avoir une infinité d'enfants » ; « Entre une politique intérieure immobile et un désir de stabilité renversée, l'enjeu est de taille » ; « Marketing, que l'on peut traduire en français par merchandising » ; « Un inactif absolu, c'est aussi fondamentalement un inactif relatif » ; « Les Tchadiens mènent une vie souterraine car ce sont des nomades » ; « L'État, en grossissant avec la Providence, va s'efforcer d'assurer la circulation des femmes entre les segments de la société » ; « Le jacobinisme apprivoisé est descendu de son échelle pour aller sur deux perchoirs dont les assises sont sûres dans la mesure où leurs bases sont très bétonnées »...

Il est donc impératif :
- de *lire attentivement le sujet* ;
- de *respecter le cadre spatio-temporel* et de l'intégrer dans la problématique choisie et mise en œuvre ;
- d'*expliciter les références utilisées* ;
- de *justifier le plan* ;
- de *se doter d'indicateurs pertinents.*

Parmi les insuffisances les plus graves, citons :
- des *définitions absentes, incohérentes ou erronées* (« acculturation » ne signifie pas « absence de culture », CSP et classes sociales ne renvoient pas à la même grille d'analyse) ;
- des *affirmations réductrices* ou *insuffisamment spécifiées* (« l'exclusion » ne se résume pas à un problème de pouvoir d'achat, la thèse de la « détérioration des termes de l'échange » n'est valable que dans certaines circonstances) ;
- des *données statistiques non opératoires, mal interprétées* ou *présentées de façon peu significative* (la mesure de la pauvreté ou bien encore des taux de syndicalisation est délicate et nécessite la confrontation de plusieurs sources) ;
- un *traitement journalistique* de questions d'actualité (« Immigration et identité nationale» ou « Pouvoir judiciaire et démocratie », par exemple) ;
- un *manque de réflexion* ou des *développements trop allusifs* (la conjonction de coordination » et « présuppose, dans bien des cas, un

raisonnement en termes d'interaction ou de dialectique ; pourquoi, dès lors, opérer par juxtaposition, du type : première partie, éducation/seconde partie, inégalités ?) ;

• des *références elliptiques* à des théories (« structuralisme génétique », « ethnométhodologie »...) dont le candidat s'avère incapable de préciser le contenu ;

• le recours à des *arguments d'autorité* avec de nombreuses citations d'ouvrages qui, manifestement, n'ont jamais été feuilletés (comme les travaux de Giddens ou de Veblen, les œuvres de Tönnies ou de Pareto, celles de Bouglé ou de Parsons) ;

• l'*utilisation à contresens de certains paradigmes* (la « reproduction », la « frustration relative » ou les « effets pervers » sont sollicités pour rendre compte de tout l'univers social) ;

• des *exposés trop abstraits*, sans souci d'illustration (les « élites », les « classes moyennes », les « groupes de pression » ne sont ni identifiés ni caractérisés) ;

• une *expression souvent relâchée*, des accords verbaux non respectés, une écriture peu lisible et un vocabulaire assez restreint (ne vous contentez pas, comme beaucoup, d'un millier de mots, alors que notre langue en comporte plus de 300 000).

Proposons, sous forme de plan détaillé, le corrigé de deux dissertations :

■ SOCIOLOGIE/SCIENCES DE L'ÉDUCATION

Éducation et inégalités (Paris VIII, septembre 1988)

• *Introduction*

Depuis le XIXe siècle, la démocratisation de l'enseignement semble être une réalité incontestable. De l'exigence d'alphabétisation poursuivie par l'école de la IIIe République à l'objectif « 80 % d'une classe d'âge au niveau du baccalauréat » formulé récemment, on assiste à une croissance régulière et inexorable des effectifs scolarisés.

Cependant, malgré ce succès, le système éducatif soulève de vives critiques. D'aucuns parlent même de « crise » ou de « désenchantement ». Les responsables politiques n'ont-ils pas échoué (ne serait-ce que partiellement) dans leur intention de supprimer, ou en tout cas de réduire fortement, les inégalités face à l'enseignement ?

• ***Première partie : Une démocratisation bien réelle***

A. Des chiffres significatifs
1. De 1959 à 1989, le nombre de titulaires du baccalauréat général et technologique a été multiplié par six.
2. Les crédits accordés à l'Éducation nationale suivent la même évolution.

B. La réduction des inégalités
Plusieurs éléments en témoignent :
1. Les élèves originaires de PCS « défavorisées » arrivent plus souvent en seconde.
2. Les études menées sur les panels de 1973 et 1980 confirment que les enfants issus de milieux modestes accèdent plus facilement en classe terminale.

C. Éléments d'interprétation
Deux thèses sont en présence : l'explosion scolaire peut être envisagée comme une réponse à la demande sociale ou, au contraire, comme le fruit d'une politique volontariste. Pour Antoine Prost, c'est cette dernière interprétation qui l'emporte. À l'appui de l'argumentation, deux raisons essentielles : la nécessité de moderniser le système productif et donc d'adapter l'appareil de formation, la volonté de lutter contre l'inégalité des conditions. D'autres auteurs adoptent une position assez différente. Delorme et André dans *L'État et l'économie* (Paris, Seuil, 1983) soutiennent ainsi que la puissance publique n'anticipe pas mais effectue plutôt ses investissements sous la pression des circonstances.

• ***Deuxième partie : Des résultats qui méritent d'être nuancés***

A. Des inégalités qui subsistent

1. À l'aube du troisième millénaire, plus de 85 % des ouvriers ont un diplôme égal ou inférieur au CAP ou au BEP.

2. Les mesures de réaffectation financière montrent que, finalement, ce sont les mieux pourvus qui « profitent » le plus du système éducatif.

B. Quelques grilles de lecture

1. L'examen des carrières scolaires et des inégalités qui leur sont associées a donné lieu, à la fin des années soixante, à de nombreuses controverses. Certains, à l'image de Bourdieu et Passeron, raisonnent en termes d'appareil idéologique et de domination, de capital culturel et de reproduction, les « héritiers » s'opposant aux « boursiers «. Deux variables sont alors privilégiées : les ressources financières et le niveau d'instruction des parents. D'autres au contraire, tels Boudon et Cherkaoui, préfèrent mettre l'accent, dans le cadre d'une théorie systémique de la mobilité, sur la rationalité des acteurs à travers l'arbitrage coûts/risques/bénéfices.

2. Par ailleurs, si l'éducation est conçue comme un processus de transmission, il devient difficile de négliger, à côté des élèves, ceux qui les forment. Perçu pendant longtemps comme un simple représentant de l'institution, l'enseignant est en réalité au cœur du dispositif et l'on sait, depuis les travaux de Rosenthal et Jacobson, que les attitudes et les jugements des maîtres peuvent être décisifs dans la réussite des enfants. Dans les recherches récentes, on a donc cherché à mieux connaître la composition, les caractéristiques démographiques et les pratiques pédagogiques de ce groupe.

3. Autres thématiques à l'honneur : le contenu et la structuration des savoirs, l'alternance et la transition professionnelle, le fonctionnement interne des établissements et les procédures d'orientation...

• ***Conclusion***

Malgré l'importance des sommes mises en jeu et la volonté affichée des gouvernements, la démocratisation de l'enseignement reste encore très problématique. Il est du reste probable qu'il ne saurait en être autrement puisque ce sont surtout les stratégies d'acteurs qui sont responsables de cet état de fait. Deux directions sont actuellement prioritaires : la lutte contre l'échec scolaire et la revalorisation de l'enseignement technique. De tels objectifs se heurtent pourtant à plusieurs obstacles : contraintes de fonctionnement, influence du milieu d'origine, effets d'agrégation... Quelles que soient ces réserves, la formation dispensée doit être une formation qualifiante.

■ HISTOIRE

La politique extérieure de la république de Weimar (Lille III, juin 1986) (corrigé détaillé dans E. Désiré *et alii, Réussir le DEUG d'histoire-géographie, op. cit.*, pp. 116-117)

Dans ce type de sujet où apparaissent des articulations chronologiques nettes (1923, occupation de la Ruhr/1929, mort de Stresemann), une approche purement thématique ne peut être retenue. Le point de vue chronologique, pour sa part, ne ferait pas apparaître les facteurs permanents et conduirait à des répétitions. Seul le plan mixte permet de mettre en évidence les lignes de force et les grandes étapes de cette politique extérieure. La problématique est simple : la république de Weimar a-t-elle su défendre les intérêts vitaux de l'Allemagne ?

• ***Première partie : Les conditions d'action***

A. Facteurs externes

1. Négatifs : le « diktat » de Versailles (1919). Analyser les clauses territoriales, financières et morales (article 231) et celles qui limitent la souveraineté allemande. Insister sur la volonté des vainqueurs d'affaiblir le potentiel militaro-industriel du pays et d'éviter la revanche.

2. Positifs : possibilité d'être présent sur l'échiquier politique. L'Angleterre est marquée par les idées de Keynes et joue le jeu de bascule entre la France et le *Reich*, les États-Unis se réfugient dans l'isolationnisme...

B. Facteurs internes

1. Maintien du dynamisme démographique, rétablissement très rapide de la puissance industrielle, efficacité de la *Reichswehr*.

2. Consensus contre le diktat dans l'opinion, chez les officiers et chez les responsables des partis politiques de droite (DVP et DNVP).

• ***Deuxième partie : Toutes les initiatives de la* Wilhelmstrasse *tendent à la révision du Traité mais elles s'inscrivent autour de deux dates charnières***

A. Une phase de résistance au diktat : 1919-1923

1. Les difficultés allemandes face aux réparations.

2. Les accords de Rapallo (avril 1922) avec la Russie des soviets. Trois volets : diplomatique, économique, militaire. L'objectif est d'inquiéter les puissances capitalistes et de les amener à assouplir leur position.

3. L'occupation de la Ruhr conduit le pays au bord du gouffre. La France fait désormais figure d'« agresseur », et l'Allemagne de « victime ».

B. Schacht et Stresemann jouent et gagnent : 1924-1929

1. Schacht se rapproche des grands banquiers anglais et américains soucieux de rétablir une Allemagne qui soit le rempart contre le communisme.

2. Stresemann, issu des milieux nationalistes, prend en charge les Affaires étrangères en 1924. Les accords de Locarno (1925) règlent le problème des frontières occidentales mais laissent à l'Allemagne « les mains libres à l'Est ».

3. Le plan Dawes (1924) puis le plan Young relatifs aux Réparations sont acceptés, et Stresemann obtient en échange l'évacuation anticipée de la Rhénanie. En 1929, l'Allemagne est de nouveau maîtresse chez elle.

C. Le révisionnisme se poursuit après Stresemann (1929-1932)
1. Conditions modifiées par le contexte de la Grande Crise et par la poussée des communistes et surtout des nazis. Le chancelier Brüning doit donner des gages à l'extrême-droite et aux nationalistes.
2. L'Allemagne bénéficie du moratoire Hoover. Après la conférence de Genève sur le désarmement (1932), elle exige et obtient l'égalité des droits.

• ***Conclusion***
Les prédécesseurs d'Hitler ont su tirer parti des maigres atouts dont ils disposaient mais les nazis sauront capter à leur prc rancœur nationaliste.

5. L'Oral

Vous serez jugé à un triple niveau : *maîtrise des connaissances, rigueur de la réflexion, capacité à communiquer.*
Évitez, compte tenu de ces exigences, « tics » verbaux et mauvaise gestion du temps de parole.

Plus précisément :

- *Ne restez pas figé* et donnez de la vie à votre exposé.
- *Regardez l'auditoire sans exclusive*, observez ses réactions, adaptez (si besoin est) votre discours et rappelez-vous que l'inspiration ne se trouve ni au plafond ni à la pointe de vos chaussures.
- *Utilisez les ressources de la voix*, en changeant de ton et en modifiant rythme et débit. Combattez la monotonie et parlez avec conviction.
- *Tenez-vous droit* et ne vous balancez pas d'avant en arrière ou de droite à gauche : la salle d'examen n'étant pas une piste de danse, vous risquez à la longue d'indisposer vos interlocuteurs !
- *Présentez-vous sous votre meilleur jour* afin de susciter l'intérêt et de créer d'emblée une relation d'échange positive.
- *Efforcez-vous de surmonter le trac* en respirant de façon profonde, lente et régulière, et sachez que les jurys mettent tout en œuvre pour placer les candidats dans les conditions les meilleures et leur permettre de dominer une trop grande émotivité.
- *Soyez combatif* et si d'aventure vous ne pouvez répondre à telle ou telle question, gardez votre sang-froid : votre prestation d'ensemble n'en sera pas pour autant dévalorisée.
- *Ne croyez pas que l'examinateur cherche à tout prix à vous prendre en défaut :* ne lui prêtez pas de mauvaises intentions et ne faites pas de faux procès !
- *Multipliez les « galops d'essai »* : vous serez ainsi mieux armé pour affronter cette épreuve et combattre vos points faibles.

Exercez-vous le plus souvent possible et remplissez cette « grille » (*Source* : d'après N. Teste, *Méthodologie et organisation du travail d'études. Schéma d'animation et exercices d'application*, Paris, Centre de formation de la profession bancaire, 1992, p. 223) :

Principaux facteurs de l'expression orale (*)	**Points faibles**		**Points forts**	
	– 2	**– 1**	**+ 1**	**+ 2**
• LA VOIX				
– Articulation				
– Débit				
– Volume				
– Intonation				
• L'ATTITUDE				
– Regard				
– Gestes				
– Corps				
– Émotivité				
• LE DISCOURS				
– Exposé				
• ADÉQUATION DE LA RÉPONSE				
– Plan				
– Introduction				
– Conclusion				
– Style				
• QUESTIONS				
– Pertinence des réponses				
– Étendue des connaissances				
– Maîtrise				
– Faculté d'adaptation				

(*) Notez vos commentaires au verso.

Petit à petit, vous parviendrez à déjouer certains « pièges » (*Source : ibid.*, p. 22) :

	À éviter	**À adopter**
« **P** »	Parler trop vite, trop bas.	Observer les réactions du jury, qui sont des indications.
« **I** »	Ne plus parler (vide qui peut permettre d'autres questions de la part du jury). Interrompre l'examinateur. Interroger au lieu de répondre (ne peut être utile que pour faire préciser un aspect de la réponse à donner).	Reprendre ce qui vient d'être dit sous une autre forme. Présenter des excuses et se taire en attendant la suite. Au lieu de cela, meubler par une reformulation de ce qui vient d'être dit pour se donner le temps de la réflexion.
« **È** »	Erreur : se tromper de sujet. Répondre à côté de la question.	Comprendre le sujet. Écouter et reformuler la question.
« **G** »	Gérer son temps de parole sans contrôle. Grimacer à une question difficile. Garantir ce dont on n'est pas absolument sûr.	Garder sa montre en évidence, de manière à vérifier l'heure. Tansformer la grimace en sourire. Ajouter l'origine de l'information si nécessaire.
« **E** »	Écouter sans regarder l'interlocuteur. Être impassible, sans réaction.	Avouer son trouble éventuellement, mais surtout le surmonter. Regarder l'interlocuteur et rechercher l'échange, la communication.
« **S** »	Suivre son idée sans contrôler les réactions du jury. Supprimer des parties à traiter au cours de l'exposé.	Se rappeler la nécessité de transmettre, d'établir la relation. Se dire que ce que l'on dit est important.

RÉUSSIR

Destinés en priorité aux étudiants de premier cycle, les ouvrages de cette collection présentent les programmes d'enseignement, exposent des méthodes de travail et font le point de manière synthétique sur les connaissances de base et les outils d'analyse. Une place importante est réservée aux modalités de contrôle et d'évaluation, avec des exercices d'application corrigés.
Vous trouverez sans doute votre bonheur dans l'une ou l'autre de ces contributions :

- A. BEITONE et C. DOLLO, *Réussir le DEUG de sciences économiques*, 1993.
- E. DÉSIRÉ *et alii*, *Réussir le DEUG d'histoire-géographie*, 1993.
- G. FERRÉOL (sous la dir. de), *Réussir le DEUG de sociologie*, 1993.
- É. RAVOUX RALLO, *Réussir le DEUG de lettres modernes*, 1992.
- J.-C. SERGEANT, *Réussir en langues étrangères appliquées (anglais, allemand, espagnol, italien). DEUG, licence, maîtrise*, 1995.

L'optique concours est également prise en compte. On consultera ainsi :

- F. DUFAUX *et alii*, *Réussir le CAPES et l'agrégation d'histoire-géographie*, 1996 (3e éd.).
- B. FRANCO, *Réussir le CAPES et l'agrégation de lettres modernes*, 1995 (2e éd.).
- P. LE GUÉRINEL, *Réussir les épreuves de culture générale aux concours administratifs*, 1995.
- F. TEULON, *Réussir les écoles de commerce*, 1994.

CURSUS

Rédigés par des professeurs ayant une longue pratique d'enseignement tant en cours qu'en travaux dirigés, les Cursus sont des « valeurs sûres » privilégiant clarté et rigueur, de nombreux encadrés (textes de référence, comptes rendus d'enquêtes, données statistiques) complétant ou illustrant tel ou tel point de l'argumentation.
Plus de cent trente titres sont déjà parus :

➢ LETTRES

- M. RAIMOND, *Le Roman*, 1995 (4e tirage).
- J.-L. JOUBERT, *La Poésie*, 1994 (4e tirage).
- M.-C. HUBERT, *Le Théâtre*, 1994 (4e tirage).
- M.-C. HUBERT, *Histoire de la scène occidentale de l'Antiquité à nos jours*, 1992.
- F. DUPONT, *Le Théâtre latin*, 1988.
- C. JACOB, *Géographie et ethnologie en Grèce ancienne*, 1991.
- J. GARDES-TAMINE, *La Grammaire* (tome I : *Phonologie, morphologie, lexicologie*; tome II : *La Syntaxe*), 1994 (2e éd.).
- J. GARDES-TAMINE, *La Stylistique*, 1995 (2e éd., 3e tirage).

- A. Preiss, *La Dissertation littéraire*, 1995 (2e éd., 2e tirage).
- A. Preiss et J.-P. Aubrit, *L'Explication littéraire et le commentaire composé*, 1994.
- J.-Y. Boriaux, *La Littérature française du XVIe siècle*, 1995.
- J.-P. Landry et I. Morlin *La Littérature française du XVIIe siècle*, 1993.
- J. Renaud, *La Littérature française du XVIIIe siècle*, 1994.
- P.-L. Rey, *La Littérature française du XIXe siècle*, 1993.
- É. Ravoux Rallo et M. Borgomano, *La Littérature française du XXe siècle* (tome I : *Le Roman et la nouvelle*), 1995.
- D. Pageaux, *La Littérature générale et comparée*, 1994.

➣ Sociologie

- L. Albarello *et alii*, *Pratiques et méthodes de recherche en sciences sociales*, 1995.
- G. Ferréol et J.-P. Noreck, *Introduction à la sociologie*, 1996 (4e éd.).
- G. Ferréol et P. Deubel, *Méthodologie des sciences sociales*, 1993.
- G. Ferréol et N. Flageul, *Méthodes et techniques d'expression écrite et orale*, 1996.
- G. Ferréol (sous la dir. de), *Histoire de la pensée sociologique*, 1995 (2e éd.).
- A. Guichaoua et Y. Goussault, *Sciences sociales et développement*, 1993.
- J. Lombard, *Introduction à l'ethnologie*, 1995 (2e tirage).
- R. Deliège, *Anthropologie de la parenté*, 1996.

➣ Philosophie

- J. Russ, *Les Méthodes en philosophie*, 1992 (2e éd.).
- P.-L. Assoun, *Freud et les sciences sociales. Psychanalyse et théorie de la culture*, 1993.
- J. Russ (sous la dir. de), *Histoire de la philosophie* (tome I : *Les Pensées fondatrices*, 1993 ; tome II : *La Création du monde moderne*, 1995 ; tome III : *Le Triomphe de la raison*, 1995).
- R. Blanché, *Introduction à la logique contemporaine*, 1996 (2e éd.).
- S. Goyard-Fabre, *Introduction à la philosophie politique*, 1996.

➣ Psychologie

- C. Tourrette et M. Guidetti, *Introduction à la psychologie du développement. Du bébé à l'adolescent*, 1995 (2e tirage).
- A. Cartron et F. Winnykamen, *Les Relations sociales chez l'enfant*, 1995.
- J.-C. Abric, *Psychologie de la communication*, 1996.
- M. Guidetti et C. Tourrette, *Handicaps et développement psychologique de l'enfant*, 1996.
- D. Bagot, *Information, sensation et perception*, 1995.
- E. Pewzner, *Introduction à la psychopathologie de l'adulte*, 1995.
- J.-F. Camus, *Psychologie cognitive de l'attention*, 1995.

- H. WALLON, *L'Évolution psychologique de l'enfant*, 1995 (10e éd.).

➣ HISTOIRE

- P. CABANES, *Introduction à l'histoire de l'Antiquité*, 1995 (2e éd.).
- L. BRUIT-ZAIDMAN et P. SCHMITT-PANTEL, *La Religion grecque*, 1992 (2e éd.).
- J. FRANCE et C. DELAPLACE, *Histoire des Gaules XIe s. av. J.-C./VIe s. ap. J.-C.*, 1995.
- C. GRAS, *La Méditerranée archaïque*, 1995.
- M. SARTRE et A. TRANOY, *La Méditerranée antique*, 1990.
- B. LANÇON, *Le Monde romain tardif (IIIe -VIIe siècle ap. J.-C.)*, 1992.
- G. JEHEL, *La Méditerranée médiévale de 350 à 1450*, 1992.
- M.-C. AMOURETTI et G. GOMET, *Hommes et techniques de l'Antiquité à la Renaissance*, 1993.
- R. FÉDOU *et alii*, *Lexique historique du Moyen Âge*, 1995 (3e éd.).
- R. MUCHEMBLED, *Société, cultures et mentalités dans la France moderne (XVIe -XVIIIe siècle)*, 1994 (2e éd.).
- J.-P. BERTAUD, *Le Consulat et l'Empire (1799-1815)*, 1989.
- J.-P. BERTAUD, *Les Causes de la Révolution française*, 1992.
- M. VOYELLE, *La Révolution française (1789-1799)*, 1992.
- A. BELTRAN et P. GRISET, *Histoire des techniques aux XIXe et XXe siècles*, 1990.
- A. BELTRAN et P. GRISET, *La Croissance économique de la France (1815-1914)*, 1994 (2e éd.).
- A. BELTRAN et P. GRISET, *L'Économie française (1914-1945)*, 1994.
- J.-P. CARON, *La France de 1815 à 1848*, 1995 (2e tirage).
- J. GARRIGUES, *La France de 1848 à 1870*, 1995.
- A. DEWERPE, *Le Monde du travail en France (1800-1950)*, 1989.
- P. MILZA, *Les Relations internationales de 1871 à 1914*, 1995 (2e éd.).
- P. MILZA, *Les Relations internationales de 1918 à 1939*, 1995.
- D. LEJEUNE, *Les Causes de la Première Guerre mondiale*, 1992.
- D. LEJEUNE, *La France des débuts de la IIIe République (1870-1896)*, 1994.
- D. LEJEUNE, *La France de la Belle Époque (1896-1914)*, 1995 (2e éd.).
- F. ABBAD, *La France des années vingt*, 1993.
- S. BERSTEIN, *La France des années trente*, 1995 (2e éd., 2e tirage).
- Y. DURAND, *Les Causes de la Seconde Guerre mondiale*, 1992.
- Y. DURAND, *La France dans la Deuxième Guerre mondiale*, 1993 (2e éd.).
- J.-J. BECKER, *Histoire politique de la France depuis 1945*, 1994 (4e éd.).
- J.-F. ECK, *Histoire de l'économie française depuis 1945*, 1996 (5e éd.).
- D. BORNE, *Histoire de l'économie française depuis 1945*, 1995 (3e éd., 2e tirage).

- J. Dalloz, *La France et le monde depuis 1945*, 1993.
- C.-R. Ageron, *La Décolonisation française*, 1994 (2e éd.).
- P. Goetschel et E. Loyer, *Histoire culturelle et intellectuelle de la France au XXe siècle*, 1995.
- J. Portes, *Les États-Unis de l'Indépendance à la Première Guerre mondiale*, 1991.
- J. Heffer, *Les États-Unis de Truman à Bush*, 1992 (2e éd.).
- A. Wahl, *L'Allemagne de 1918 à 1945*, 1993.
- A. Wahl, *Histoire de la République fédérale d'Allemagne*, 1995 (3e éd.).
- R. Marx, *L'Angleterre de 1914 à 1945*, 1993.
- R. Marx, *L'Angleterre de 1945 à nos jours*, 1995 (2e éd.).
- F. Abbad, *Histoire du Japon (1868-1945)*, 1992.
- J.-M. Bouissou, *Le Japon depuis 1945*, 1992.
- J. Bérenger, *L'Autriche-Hongrie de 1815 à 1918*, 1994.
- O. Dabène, *L'Amérique latine au XXe siècle*, 1994.
- M. Vaïsse, *Les Relations internationales depuis 1945*, 1995 (4e éd.).
- M.-T. Pérez Picazo et G. Lemeunier, *L'Espagne au XXe siècle*, 1994.
- J. Néré, *Les Crises économiques au XXe siècle*, 1989.
- J.-P. Thomas, *Les Politiques économiques au XXe siècle*, 1994 (2e éd.).
- P. Sally, *Méthodes de statistiques descriptives pour les historiens*, 1992.
- P. Sally *et alii*, *La Dissertation en histoire*, 1994.
- P. Sally *et alii*, *Le Commentaire de documents en Histoire*, 1995.
- F. Roth, *L'Allemagne de 1815 à 1918*, 1996.
- M. Aurell, *La Noblesse en Occident (Ve-XVe siècle)*, 1996.

➣ GÉOGRAPHIE

- A. Godard et M. Tabeaud, *Les Climats, mécanismes et répartition*, 1993.
- M. Wolkowitsch, *Géographie des transports*, 1992.
- R. Marconis, *Géographie historique de la France contemporaine*, 1995.
- R. Marconis, *Introduction à la géographie*, 1996.
- M. Béguin et D. Pumain, *La Représentation des données géographiques. Statistique et cartographie*, 1994.
- D. Noin, *L'Espace français*, 1995 (8e éd.).

➣ ÉCONOMIE

- Y. Crozet, *Analyse économique de l'État*, 1991.
- R. Sandretto, *Le Commerce international*, 1995 (4e éd.).
- J.-L. Boursin, *Comprendre les probabilités*, 1989.
- J.-L. Boursin, *Comprendre la statistique*, 1991 (2e éd.).
- G. Klotz, *La Comptabilité nationale*, 1990.
- P. Gilles, *Crises et cycles économiques*, 1995.

- J. Étienne et R. Revol, *La Dissertation économique*, 1995 (2e tirage).
- M.-L. Herschtel, *Économie de la Communauté européenne*, 1993.
- J.-P. Olsem, *Économie industrielle*, 1991.
- J.-P. Delas, *Économie britannique*, 1993.
- J.-P. Foirry, *Économie des États-Unis*, 1991.
- P. Gentelle, *Économie de la Chine*, 1994.
- G. Schneilin et H. Schumacher, *Économie de l'Allemagne*, 1992.
- J. Brasseul, *Introduction à l'économie du développement*, 1993.
- J.-M. Siroën, *L'Économie mondiale* (tome I : *Anciennes hégémonies, nouvelles puissances*, 1993 ; tome II : *Contraintes et perspectives*, 1994).
- X. Richet, *Les Économies socialistes européennes*, 1992.
- J. Percebois, *Économie des finances publiques*, 1991.
- G. Ferréol et P. Deubel, *Économie du travail*, 1990.
- J.-M. Martin, *Économie et politique de l'énergie*, 1992.
- A. Silem, *Introduction à l'analyse économique*, 1990 (2e éd.).
- M. Nikitin et M.-O. Régent, *Introduction à la comptabilité*, 1995.
- M. Cabannes, *La Politique macroéconomique*, 1994.
- M. Cabannes, *Introduction à la macroéconomie*, 1995.
- B. Dupont et A. Rys, *Introduction à la microéconomie*, 1993.
- S. Diatkine, *Institutions et mécanismes monétaires*, 1995 (2e éd.).
- G. Klotz, *Mathématiques pour l'économie* (tome I : *Ensembles, matrices, équations linéaires)*, 1993.
- M. Weill, *Le Management*, 1994.
- J. Brasseul, *Les Nouveaux Pays industrialisés*, 1993.
- D. Martina, *La Pensée économique* (tome I : *Des mercantilistes aux néo-classiques*, 1991 ; tome II : *Des néo-marginalistes aux contemporains*, 1993).
- M. Bassoni et A. Beitone, *Problèmes monétaires internationaux*, 1994 (2e éd.).
- G. Thoris, *La Répartition des revenus*, 1993.
- S. Diatkine, *Théories et politiques monétaires*, 1995.

➢ Droit et science politique

- P. Constantinho et M. Dony, *Droit communautaire*, 1995.
- N. Mayer et P. Perrineau, *Les Comportements politiques*, 1992.
- M. de Guillenchmidt et B. Rougé, *Les Finances publiques et le système budgétaire*, 1995.
- P. Moreau Defarges, *Les Institutions européennes*, 1995 (2e éd.).
- J. Rossetto, *Les Institutions politiques de la France*, 1992.
- Y. Guchet, *La Pensée politique*, 1992.
- D.-L. Seiler, *Les Partis politiques*, 1993.
- P. de Senerclens, *La Politique internationale*, 1992.
- Y. Schemeil, *La Science politique*, 1994.

- J. LERUEZ, *Le Système politique britannique depuis 1945*, 1994.
- M.-C. SMOUTS, *Les Organisations internationales*, 1995.

Les dictionnaires rendront également de grands services. Vous pourrez ainsi vous référer à :

- G. FERRÉOL (sous la dir. de), *Dictionnaire de sociologie*, 1995 (2e éd.).
- J.-M. BIZIÈRE (sous la dir. de), *Dictionnaire des biographies* (tome I : *L'Antiquité*, 1992 ; tome II : *Le Moyen Âge*, 1993 ; tome III : *La France moderne*, 1995 ; tome IV : *Le Monde moderne*, 1995 ; tome V : *Le XIXe siècle*, 1994 ; tome VI : *Le XXe siècle*, 1992).
- J. GARDES-TAMINE et M.-C. HUBERT, *Dictionnaire de critique littéraire*, 1996 (2e éd.).
- A. BEITONE *et alii*, *Dictionnaire de sciences économiques*, 1995 (2e éd.).
- Y. CROZET *et alii*, *Dictionnaire de banque et bourse*, 1993.
- Y. PERCEBOIS *et alii*, *Dictionnaire de finances publiques*, 1995.
- G. HERMET *et alii*, *Dictionnaire de la science politique et des institutions politiques*, 1996 (2e éd.).
- P. N'GAHANE *et alii*, *Dictionnaire de gestion*, 1996.

Voyez aussi, en Cursus TD :

- G. CHAUVAT et J.-P. RÉAU *Statistiques descriptives*, 1996.
- S. PERCHERON, *Exercices de microéconomie*, 1996 (6e éd.).
- L.-M. MORFAUX et R. PRÉVOST, *Résumé et synthèse de textes*, 1996.
- M. ZERBATO, *Macroéconomie élémentaire*, 1996.
- C. RAYNAUD, *Le Commentaire historique du document figuré*, 1996.

« U »

La réputation de ces manuels n'est plus à faire. Vous avez là d'excellents instruments de travail :

➢ LITTÉRATURE

- J. BAYET, *Littérature latine*, 1996 (9e éd.).
- H. BÉHAR et R. FAYOLLE, *L'Histoire littéraire aujourd'hui*, 1990.
- P. BRUNEL, *Qu'est-ce que la littérature comparée ?*, 1983 (3e tirage).
- J. CHEVRIER, *Littérature nègre*, 1990 (2e éd.).
- H. COULET, *Le Roman jusqu'à la Révolution*, 1991 (8e éd.).
- D. DIDEROT, *Paradoxe sur le comédien. Introduction et notes de Stéphane Lojkine*, 1992.
- M. GRAMMONT, *Petit traité de versification française*, 1989 (12e éd.).
- H. LEMAÎTRE, *La Poésie depuis Baudelaire*, 1993 (7e éd., 2e tirage).
- C. LEROY (sous la dir. de), *Cendrars et « Le Lotissement du ciel » avec des textes inédits de Blaise Cendrars*, 1995.

- M. QUESNEL, *La Création poétique du XVIe siècle à nos jours*, 1996.
- M. RAIMOND, *Le Roman depuis la Révolution*, 1981 (8e éd., 3e tirage).
- É. RAVOUX RALLO, *Méthodes de critique littéraire*, 1994 (2e tirage).

➣ LINGUISTIQUE

- S. DELESALLE *et alii*, *Histoire de la grammaire*, 1995.
- G. JOLY, *Précis de phonétique historique du français*, 1995.
- A. MARTINET, *Syntaxe générale*, 1985.
- A. MARTINET, *Fonction et dynamique des langues*, 1989.
- A. MARTINET, *Éléments de linguistique générale*, 1991 (3e éd., 3e tirage).
- A. QUEFFÉLEC et R. BELLON, *Linguistique médiévale. L'épreuve d'ancien français aux concours*, 1995.

➣ PHILOSOPHIE

- N. BARAQUIN *et alii*, *Dictionnaire de philosophie*, 1995.
- J. RUSS, *L'Aventure de la pensée européenne*, 1995.

➣ PSYCHOLOGIE

- J. ALMERAS et D. FURIA, *Méthodes de réflexion et techniques d'expression*, 1991 (8e éd., 8e tirage).
- G. AMADO et A. GUITTET, *Dynamique cognitive et langage*, 1994 (2e éd.).
- A. BLANCHET, *Dire et faire dire : l'entretien*, 1991.
- C. BONNET, *Manuel pratique de psychophysique*, 1986.
- R. BRISSAUD, *Les Représentations numériques chez l'enfant*, 1996.
- C. CAMILLERI, *Psychologie et culture*, 1996.
- J.-F. CAMUS, *La Psychologie cognitive de l'attention*, 1996.
- F. CORDIER, *Représentation cognitive et langage : une enquête progressive*, 1994.
- M. DELEAU, *Les origines sociales du développement mental. Communication et symboles dans la première enfance*, 1990.
- W. DOISE *et alii*, *Psychologie sociale expérimentale*, 1995 (3e éd.)
- K. EIMERL, *L'Informatique éducative. Cheminement dans l'apprentissage*, 1993.
- G.-N. FISCHER, *Psychologie et espace de travail*, 1990.
- R. GHIGLIONE, *L'Homme communiquant*, 1986.
- G. JAHODA, *Psychologie et anthropologie*, 1989.
- G. LEMAINE et B. MATALON, *Hommes supérieurs, hommes inférieurs ? La controverse sur l'hérédité de l'intelligence*, 1985.
- J. LEPLAT, *Erreur humaine, fiabilité humaine dans le travail*, 1985.
- LE THAN KHOI, *L'Éducation comparée*, 1981.
- D. LASSARRE, *Psychologie sociale et économie*, 1995.
- B. MATALON, *Décrire, expliquer, prévoir*, 1988.
- J.-M. MONTEIL, *Soi et le contexte. Constructions autobiographiques, insertions sociales, performances cognitives*, 1993.
- G. MOSER, *Les Stress urbains*, 1992.

- P. Oléron, *L'Intelligence de l'Homme*, 1989.
- J. Piaget, *La Psychologie de l'intelligence*, 1991.
- P. Rabardel, *Les Hommes et les technologies. Approche cognitive des instruments contemporains*, 1995.
- J.-F. Richard, *Les Activités mentales. Comprendre, raisonner, trouver des solutions*, 1995 (2e éd.).

Sociologie

- A. Degenne et M. Forsé, *Les Réseaux sociaux*, 1994.
- P. Desmarez, *Sociologie industrielle aux États-Unis*, 1986.
- C. Dubar, *La Socialisation. Construction des identités sociales et professionnelles*, 1995 (2e éd.).
- F. Dupuy et J.-C. Thoenig, *Sociologie de l'administration française*, 1983.
- M. Duru-Bellat et A. Henriot-Van Zanten, *Sociologie de l'éducation*, 1992.
- G. Ferréol (sous la dir. de), *Dictionnaire des techniques quantitatives appliquées aux sciences économiques et sociales*, 1995.
- R. Ghiglione et B. Matalon, *Les Enquêtes sociologiques. Théories et pratique*, 1995 (5e éd.).
- R. Ghiglione *et alii*, *Manuel d'analyse de contenu*, 1990 (3e tirage).
- B. Kayser, *La Renaissance rurale. Sociologie des campagnes du monde occidental*, 1990.
- J. Lazar, *Sociologie de la communication de masse*, 1991.
- Y. Lemel, *Stratification et mobilité sociale*, 1991.
- P. Mann, *L'Action collective. Mobilisation et organisation des minorités actives*, 1991.
- H. Mendras, *Éléments de sociologie*, 1996 (4e éd.).
- H. Mendras et M. Forsé, *Le Changement social. Tendances et paradigmes*, 1991 (3e tirage).
- H. Mendras et M. Verret (sous la dir. de), *Les Champs de la sociologie française*, 1988.
- A. Ogien, *Sociologie de la déviance*, 1995.
- J. Peneff, *La Méthode biographique*, 1990.
- A. Percheron, *La Socialisation politique (textes réunis par N. Mayer et A. Muxel)*, 1993.
- J.-P. Poitou, *La Dissonance cognitive*, 1974.
- J.-D. Reynaud, *Les Règles du jeu. L'action collective et la régulation sociale*, 1993 (2e éd., 2e tirage).
- M. Ségalen, *Sociologie de la famille*, 1996 (4e éd.).
- D. Segrestin, *Sociologie de l'entreprise*, 1996 (2e éd.).
- G. Tapinos, *Éléments de démographie*, 1991 (2e tirage).
- D. Vinck, *Sociologie des sciences*, 1995.

Communication

- G. Amado et A. Guittet, *Dynamique des communications dans les groupes*, 1991 (2e éd., 2e tirage).
- P. Deval, *La Gestion mentale des groupes en réunion*, 1991.
- J. Gandouin, *Correspondance et rédaction administratives*, 1995 (6e éd.).

- A. GUITTET, *L'Entretien*, 1990 (3e éd., 2e tirage).
- P.-A. PONTOIZEAU, *Manuel de communication*, 1991.
- F. VANOYE, *Expression, communication*, 1990 (3e éd.).
- F. VANOYE *et alii*, *Pratiques de l'oral. Écoute, communications sociales, jeu théâtral*, 1991 (3e éd.).

➢ HISTOIRE

• Histoire ancienne
- M. BORDET, *Précis d'histoire romaine*, 1992 (2e éd., 2e tirage).
- F. DUNAND et C. ZIVIE-COCHE, *Dieux et hommes en Égypte (3000 av. J.-C. - 395 ap. J.-C.). Anthropologie religieuse*, 1991.
- G. HUSSON et D. VALBELLE, *L'État et les institutions en Égypte. Des premiers pharaons aux empereurs romains*, 1992.
- C. MOSSÉ et A. SCHNAPP-GOURBEILLON, *Précis d'histoire grecque*, 1991 (3e tirage).
- M. SARTRE, *Histoire de l'Asie mineure et de l'Anatolie (334 av. J.-C./284 ap. J.-C.)*, 1995.
- J.-P. VALLAT, *L'Italie et Rome (238-31 av. J.-C.)*, 1995.

• Histoire médiévale
- G. AUDISIO et I. BONNOT-RAMBAUD, *Manuel de paléographie moderne (XVe-XVIIIe siècle)*, 1991.
- P. CONTAMINE *et alii*, *L'Économie médiévale*, 1993.
- G. DEMIANS D'ARCHIMBAUD, *Histoire artistique de l'Occident médiéval*, 1993 (3e éd.).
- G. DEPEYROT, *Crises et inflation entre Antiquité et Moyen Âge*, 1991.
- A. DUCELLIER (sous la dir. de), *Byzance et le monde orthodoxe*, 1995.
- R. FOSSIER, *La Société médiévale*, 1991 (2e tirage).
- M.-C. GERBET, *L'Espagne au Moyen Âge (Ve-XVe siècle)*, 1992.
- O. GUILLOT *et alii*, *Pouvoirs et institutions dans la France médiévale* (tome I : *Des origines à l'époque féodale*, 1996, 2e éd. ; tome II : *Des temps féodaux au temps de l'État*, 1994).
- J.-F. LEMARIGNIER, *La France médiévale. Institutions et société*, 1970 (12e tirage).
- G. PEYRONNET, *L'Islam et la civilisation islamique (VIIe-XIIIe siècle)*, 1992.
- J. STIENNON, *Paléographie du Moyen Âge*, 1991 (2e éd.).

• Histoire moderne
- G. AUDISIO, *Les Français d'hier* (tome I : *Des Paysans, XVIe-XIXe siècle*, 1994 ; tome II : *Des croyants, XVe-XIXe siècle*, 1996).
- B. BENNASSAR et J. JACQUART, *Le XVIe siècle*, 1992 (2e éd.).
- G. BOQUET et E. GRUTER, *Les Îles britanniques au XVIe siècle. L'âge des grandes mutations*, 1994.
- G. CABOURDIN et G. VIARD, *Lexique historique de la France d'Ancien Régime*, 1992 (2e éd., 4e tirage).
- J. DELUMEAU, *L'Italie de la Renaissance à la fin du XVIIIe siècle*, 1991 (2e éd.).

- M. Denis et N. Blayau, *Le XVIIIe siècle*, 1990 (2e éd., 3e tirage).
- T. Gomez et I. Olivares, *La Formation de l'Amérique hispanique (XVe-XIXe siècle)*, 1993.
- F. Lebrun, *L'Europe et le monde (XVIe - XVIIe - XVIIIe siècle)*, 1990 (3e éd., 3e tirage).
- F. Lebrun, *Le XVIIe siècle*, 1994.
- J. Meyer, *L'Europe et la conquête du monde*, 1990 (2e éd.).

• Histoire contemporaine

- H. d'Almeida-Topor, *L'Afrique au XXe siècle*, 1994 (2e tirage).
- H. d'Almeida-Topor et M. Lakroum, *L'Europe et l'Afrique. Un siècle d'échanges économiques*, 1994.
- J.-C. Asselain *et alii*, *Précis d'histoire européenne (XIXe-XXe siècle)*, 1993.
- A. Becker, *La Guerre et la foi. De la mort à la mémoire (1914-1930)*, 1994.
- M.-C. Bergère, *La République populaire de Chine de 1949 à nos jours*, 1989 (2e éd.).
- S. Berstein et P. Milza, *L'Italie contemporaine. Du Risorgimento à la chute du fascisme*, 1995 (2e éd.).
- J. Binoche, *Histoire des relations franco-allemandes de 1789 à nos jours*, 1996.
- D. Bruckmuller-Genlot, *Les Préraphaélites (1818-1884)*, 1994.
- F. Caron, *Histoire économique de la France (XIXe-XXe siècle)*, 1996 (2e éd.).
- J.-C. Caron, *La Nation, l'État et la démocratie en France de 1789 à 1914*, 1995.
- Y. Doutriaux, *Le Traité sur l'Union européenne*, 1993.
- R. Farnetti, *L'Économie britannique de 1873 à nos jours*, 1994.
- A. Gérard *et alii*, *Villes et sociétés urbaines au XIXe siècle. France, Grande-Bretagne, États-Unis, Allemagne, Autriche*, 1992.
- P. Guillaume, *Le Monde colonial (XIXe-XXe siècle)*, 1994 (2e éd.).
- J.-P. Lassale, *La Démocratie américaine. Anatomie d'un marché politique*, 1991.
- J.-A. Lesourd *et alii*, *Nouvelle Histoire économique. La croissance économique à l'échelle du monde* (tome I : *XIXe siècle*, 1991, 11e éd. ; tome II : *XXe siècle*, 1992, 10e éd.).
- P. Lévêque, *Histoire des forces politiques en France* (tome I : *1789-1880*, 1992 ; tome II : *1880-1940*, 1994).
- J. Lévesque, *L'URSS et sa politique internationale de Lénine à Gorbatchev*, 1987 (2e éd.).
- M. Nouschi, *Le XXe siècle*, 1995.
- P. Ory et J.-F. Sirinelli, *Les Intellectuels en France de l'Affaire Dreyfus à nos jours*, 1996 (3e éd.).
- J. Portes, *Le Canada et le Québec au XXe siècle*, 1994.
- A. Prost, *Petite histoire de la France au XXe siècle*, 1996 (3e éd.).
- J.-F. Soulet et S. Guinle-Lorinet, *Précis d'histoire immédiate. Le monde depuis la fin des années soixante*, 1989.
- G. Soulier, *L'Europe. Histoire, civilisations, institutions*, 1994.

- J.-L. VAN REGEMORTER, *La Russie et le monde au XXe siècle*, 1996.
- N. WANG, *L'Asie orientale du milieu du XIXe siècle à nos jours*, 1993.

• Autres ouvrages
- G. DHOQUOIS, *Histoire de la pensée historique*, 1991.
- F. DJINDJIAN, *Méthodes pour l'archéologie*, 1991.

➣ GÉOGRAPHIE

- J. BEAUJEU-GARNIER, *Géographie urbaine*, 1995 (4e éd.).
- J. BOUINOT et B. BERMILS, *La Gestion stratégique des villes*, 1995.
- R. COQUE, *Géomorphologie*, 1996 (6e éd.)
- M. COTE, *L'Algérie*, 1996.
- M. DERRUAU, *Géographie humaine*, 1995 (5e éd.).
- G. DUPUY, *L'Urbanisme des réseaux. Théories et méthodes*, 1992.
- P. ESTIENNE et A. GODDARD, *Climatologie*, 1993 (6e éd., 4e tirage).
- J. GALLAIS, *Les Tropiques. Terres de risques et de violences*, 1994.
- J.-P. LARIVIÈRE et P. SIGWALT, *La Chine*, 1996.
- A. MEYNIER, *Les Paysages agraires*, 1983.
- P. et G. PINCHEMEL, *La Face de la Terre : éléments de géographie*, 1994 (3e éd.).
- P. PINCHEMEL *et alii*, *La France* (tome I : *Milieux naturels, populations, politiques* ; tome II : *Activités, milieux ruraux et urbains*), 1992 (2e éd., 2e tirage).
- C. POMEROL et M. RENARD, *Éléments de géologie*, 1989 (9e éd.).
- J. RADVANYI, *La Nouvelle Russie*, 1996.
- G. ROUGERIE, *Géographie de la biosphère*, 1988.
- G. ROUGERIE, *Les Montagnes dans la biosphère*, 1990.
- G. ROUGERIE, *Biogéographie des milieux aquatiques*, 1994.
- G. ROUGERIE et N. BEROUTCHACHVILI, *Géosystèmes et paysages*, 1991.
- J.-F. TROIN *et alii*, *Le Maghreb. Hommes et espaces*, 1985 (2e éd.).
- G. WACKERMANN, *Le Tourisme international*, 1988.

➣ DROIT ET SCIENCE POLITIQUE

- B. CHANTEBOUT, *Droit constitutionnel et science politique*, 1995 (12e éd.).
- J.-J. CHEVALIER, *Les Grandes Œuvres politiques de Machiavel à nous jours*, 1996 (3e éd.).
- R. GHIGLIONE, *Je vous ai compris ou l'analyse des discours politiques*, 1989.
- Y. GUCHET, *Histoire des idées politiques*, tome I : *D'Hérodote à la Révolution française*, 1995.
- G. LEBRETON, *Libertés publiques et droits de l'Homme*, 1995.
- A. TROGNON et J. LARRUE, *Pragmatique du discours politique*, 1994.

➣ ÉCONOMIE

- D. ARNOULD, *Les Marchés de capitaux en France*, 1995.

- R. BARRO, *La Macroéconomie*, trad. fr., 1987.
- J. BICHOT, *Économie de la protection sociale*, 1992.
- A. CHAÎNEAU, *Manuel de macroéconomie élémentaire*, 1992.
- F. COCHET et G.M. HENRY, *Les Révolutions industrielles. Processus historiques, développements économiques*, 1995.
- S. FAUCHEUX et J.-F. NOËL, *Économie des ressources naturelles et de l'environnement*, 1995.
- D.-C. LAMBERT, *Économie des assurances*, 1996.
- P. LE ROY, *Les Agricultures françaises face aux marchés mondiaux*, 1993.
- M. PARODI *et alii*, *L'Économie et la société française au second XXe siècle* (tome I : *Le Mouvement long)*, 1995.
- M. PÉBEREAU, *La Politique économique de la France* (tome I : *Les Instruments*, 1988, 2e éd. ; tome II : *Les Objectifs*, 1987 ; tome III : *Les Relations économiques, financières et monétaires internationales*, 1990).
- B. RIZZO, *Introduction à la macroéconomie financière*, 1996.
- P.A. SAMUELSON, *L'Économique*, trad. fr., 2 tomes, 1987.
- J.-M. SIROËN, *Finances internationales*, 1993.
- D. TERSEN et J.-L. BRICOUT, *L'Investissement international*, 1996.

FLASH

Les Flash U sont conçus pour permettre un travail personnel tout au long de l'année. Chaque volume comprend des résumés de cours, des exercices d'application, des indications bibliographiques... Lisez notamment les écrits de :

- G. FERRÉOL (sous la dir. de), *Exercices d'analyse sociologique. DEUG sciences humaines, sciences économiques et AES. DEUG droit, Paris*, 1994 (2e tirage).
- I. DEFRÉNOIS-SOULEAU, *Je veux réussir mon droit*, 1993 (6e tirage).
- P. DARREAU *et alii*, *Microéconomie*, 1990.
- G. KLOTZ, *Exercices de comptabilité nationale. DEUG sciences économiques et AES*, 1991.
- J. VÉRON, *Démographie*, 1991.

Masson & Armand Colin Éditeur
5, rue Laromiguière
75241 Paris Cedex 05
N° 001466
Dépôt légal : septembre 1996

Achevé d'imprimer en septembre 1996
dans les ateliers de
Normandie Roto Impression s.a., à Lonrai
N° d'imprimeur : 961710